Delicias de la India
Un Viaje Culinario a Través de los Sabores del Subcontinente

Anjali Patel

Contenido

Pollo sin aceite 17
    Ingredientes 17
    Método 17
Curry Kozi Varatha 18
    Ingredientes 18
    Método 18
estofado de pollo 20
    Ingredientes 20
    Método 21
Himani Kip 22
    Ingredientes 22
    Para el inserto: 22
    Método 23
pollo blanco 24
    Ingredientes 24
    Método 25
Pollo en masala roja 26
    Ingredientes 26
    Método 27
Kip Jhalfrezie 28
    Ingredientes 28
    Método 29
pollo al curry sencillo 30

- Ingredientes 30
- Método 31
- Pollo al curry agridulce 32
  - Ingredientes 32
  - Método 33
- Anjeer De Pollo Seco 34
  - Ingredientes 34
  - Para el inserto: 34
  - Método 35
- yogur de pollo 36
  - Ingredientes 36
  - Método 37
- Pollo frito picante 38
  - Ingredientes 38
  - Método 39
- pollo excelente 40
  - Ingredientes 40
  - Método 41
- vindaloo de pollo 42
  - Ingredientes 42
  - Método 43
- Pollo caramelizado 44
  - Ingredientes 44
  - Método 45
- Pollo de nueces 46
  - Ingredientes 46
  - Método 47

Pollo Rápido 48
    Ingredientes 48
    Método 49
Pollo Al Curry Coorgi 50
    Ingredientes 50
    Método 51
Sartén Pollo 52
    Ingredientes 52
    Método 53
Pollo Con Espinacas 54
    Ingredientes 54
    Método 55
pollo indio 56
    Ingredientes 56
    Para la mezcla de especias: 56
    Método 57
Corey Gassic 58
    Ingredientes 58
    Método 59
Pollo Ghezado 60
    Ingredientes 60
    Método 61
Pollo en salsa de tomate 62
    Ingredientes 62
    Método 63
Shahenshah Murgh 64
    Ingredientes 64

Método 65
Kip do Pyaaza 66
    Ingredientes 66
    Método 67
Pollo Bengalí 68
    Ingredientes 68
    Método 68
Lasooni Murgh 69
    Ingredientes 69
    Método 70
café con pollo 71
    Ingredientes 71
    Para el inserto: 71
    Método 72
Pollo Con Albaricoques 73
    Ingredientes 73
    Método 74
Pollo a la parrilla 75
    Ingredientes 75
    Método 76
Pato entero asado con pimienta 77
    Ingredientes 77
    Método 78
pollo bhuna 79
    Ingredientes 79
    Método 80
pollo al curry con huevo 81

Ingredientes	81
Método	82
Pollo frito picante	**83**
Ingredientes	83
Para el inserto:	83
Método	84
Goan Kombdic	**85**
Ingredientes	85
Método	86
pollo al curry sureño	**87**
Ingredientes	87
Método	88
Pollo Nizamí	**89**
Ingredientes	89
Para la mezcla de especias:	89
Método	90
pato búfalo	**91**
Ingredientes	91
Método	91
Adraki Murgh	**93**
Ingredientes	93
Método	93
Bharva Murgh	**94**
Ingredientes	94
Método	95
Malaidar Murgh	**96**
Ingredientes	96

Método 97
Pollo al curry de Bombay 98
    Ingredientes 98
    Método 99
Pollo Durbari 100
    Ingredientes 100
    Método 101
Pato Al Horno 102
    Ingredientes 102
    Método 102
Pollo al cilantro y al ajillo 103
    Ingredientes 103
    Método 104
masala de pato 105
    Ingredientes 105
    Método 106
Pollo Con Mostaza 107
    Ingredientes 107
    Método 108
Murgh Lassanwallah 109
    Ingredientes 109
    Método 110
Chettinad De Pollo A La Pimienta 111
    Ingredientes 111
    Método 112
Pollo molido con huevos 113
    Ingredientes 113

- Método 114
- pollo seco 115
  - Ingredientes 115
  - Para el inserto: 115
  - Método 116
- brocheta de pescado 116
  - Ingredientes 116
  - Para el llenado: 117
  - Método 117
- chuletas de pescado 119
  - Ingredientes 119
  - Método 120
- pescado sookha 122
  - Ingredientes 122
  - Método 123
- Mahya Kalia 124
  - Ingredientes 124
  - Método 125
- Rosachi con camarones al curry 126
  - Ingredientes 126
  - Método 127
- Pescado Relleno De Dátiles Y Almendras 128
  - Ingredientes 128
  - Método 128
- pescado tandoori 130
  - Ingredientes 130
  - Método 130

Pescado con verduras 131
    Ingredientes 131
    Método 132

Tandoor Gülnar 134
    Ingredientes 134
    Para la primera marinada: 134
    Para la segunda marinada: 134

Gambas con masala verde 135
    Ingredientes 135
    Método 136

chuleta de pescado 137
    Ingredientes 137
    Método 138

Pescado Parsi Sas 139
    Ingredientes 139
    Método 140

Peshawar Machhi 141
    Ingredientes 141
    Método 141

curry de cangrejo 143
    Ingredientes 143
    Método 144

pescado mostaza 145
    Ingredientes 145
    Método 145

Meen Vattichathu 146
    Ingredientes 146

- Método 147
- Doi Maach 148
  - Ingredientes 148
  - Para el inserto: 148
  - Método 149
- pescado frito 150
  - Ingredientes 150
  - Método 150
- chuleta machher 151
  - Ingredientes 151
  - Método 151
- Pez espada de Goa 153
  - Ingredientes 153
  - Método 154
- masala de pescado seco 155
  - Ingredientes 155
  - Método 155
- Curry de gambas de Madrás 156
  - Ingredientes 156
  - Método 156
- Pescado con fenogreco 157
  - Ingredientes 157
  - Método 158
- Karimeen Porichathun 159
  - Ingredientes 159
  - Método 160
- langostinos 161

Ingredientes 161

Método 162

Pescado marinado 163

Ingredientes 163

Método 163

Curry de bolas de pescado 165

Ingredientes 165

Método 166

pez amritsari 167

Ingredientes 167

Método 167

gambas fritas masala 168

Ingredientes 168

Método 169

Pescado cubierto con salado 170

Ingredientes 170

Método 171

camarones pasanda 172

Ingredientes 172

Método 173

pez espada rechaido 174

Ingredientes 174

Método 175

Teekha Jhinga 176

Ingredientes 176

Método 177

Balchow De Camarones 178

- Ingredientes 178
  - Método 179
- Gambas Bhujna 180
  - Ingredientes 180
  - Método 181
- Chingdi Macher Malai 182
  - Ingredientes 182
  - Método 183
- Sorse Bata-Vis 184
  - Ingredientes 184
  - Método 184
- estofado de pescado 185
  - Ingredientes 185
  - Método 186
- Jhinga Nissa 187
  - Ingredientes 187
  - Método 188
- Calamar Vindaloo 189
  - Ingredientes 189
  - Método 190
- Balchow de langosta 191
  - Ingredientes 191
  - Método 192
- camarones berenjena 193
  - Ingredientes 193
  - Método 194
- camarones verdes 195

Ingredientes 195
    Método 195
Pescado con cilantro 196
    Ingredientes 196
    Método 196
malayo sabio 197
    Ingredientes 197
    Para la mezcla de especias:.. 197
    Método 198
Curry de pescado konkani 199
    Ingredientes 199
    Método 199
Camarones al ajillo picantes 200
    Ingredientes 200
    Método 201
curry de pescado sencillo 202
    Ingredientes 202
    Método 202
Curry de pescado de Goa 203
    Ingredientes 203
    Método 204
Vindaloo De Camarones 205
    Para 4 personas 205
    Ingredientes 205
    Método 206
Pescado en masala verde 207
    Ingredientes 207

- Método 208
- Almejas Masala 209
  - Ingredientes 209
  - Método 210
- Pescado Tikka 211
  - Ingredientes 211
  - Método 212
- Berenjenas rellenas de gambas 213
  - Ingredientes 213
  - Método 214
- Camarones Ajo Y Canela 215
  - Ingredientes 215
  - Método 215
- Lenguado al vapor con mostaza 216
  - Ingredientes 216
  - Método 216

Pollo sin aceite

Para 4 personas

Ingredientes

Yogur 400g/14oz

1 cucharadita de chile en polvo

1 cucharadita de pasta de jengibre

1 cucharadita de pasta de ajo

2 chiles verdes, finamente picados

50 g de hojas de cilantro molidas

1 cucharadita de garam masala

Sal al gusto

750 g/1 libra 10 oz de pollo deshuesado, cortado en 8 trozos

Método

- Mezclar todos los ingredientes excepto el pollo. Marina el pollo durante la noche con esta mezcla.

- Cocine el pollo marinado en una cacerola a fuego medio durante 40 minutos, revolviendo con frecuencia. Servir caliente.

Curry Kozi Varatha

(Pollo al curry Kairali de Kerala)

Para 4 personas

Ingredientes

60 ml de aceite vegetal refinado

7,5 cm de raíz de jengibre finamente picada

15 dientes de ajo, finamente picados

8 chalotes, picados

3 chiles verdes, cortados a lo largo

1 kg/2¼ lb de pollo, cortado en 12 trozos

cucharadita: Cúrcuma

Sal al gusto

2 cucharadas de cilantro molido

1 cucharada de garam masala

½ cucharadita de comino

750ml/1¼ litro de leche de coco

5-6 hojas de curry

Método

- Calentar el aceite en una cacerola. Agrega el jengibre y el ajo. Freír a fuego medio durante 30 segundos.

- Agrega las chalotas y los chiles verdes. Saltee por un minuto.

- Agrega el pollo, la cúrcuma, la sal, el cilantro molido, el garam masala y el comino. Mezclar bien. Cubrir con una tapa y cocinar a fuego lento durante 20 minutos. Agrega la leche de coco. Cocine a fuego lento durante 20 minutos.

- Adorne con hojas de curry y sirva caliente.

estofado de pollo

Para 4 personas

Ingredientes

1 cucharada de aceite vegetal refinado

2 dientes

1 pulgada/2,5 cm de canela

6 granos de pimienta negra

3 hojas de laurel

2 cebollas grandes cortadas en 8 trozos

1 cucharadita de pasta de jengibre

1 cucharadita de pasta de ajo

8 muslos de pollo

200 g/7 oz de vegetales mixtos congelados

250 ml/8 onzas líquidas de agua

Sal al gusto

2 cucharaditas de harina blanca, disueltas en 360 ml/12 fl oz de leche

Método

- Calentar el aceite en una cacerola. Agrega los clavos, la canela, los granos de pimienta y las hojas de laurel. Hazlos escupir durante 30 segundos.

- Agrega la cebolla, la pasta de jengibre y la pasta de ajo. Hornee por 2 minutos.

- Agrega el resto de los ingredientes excepto la mezcla de harina. Cubra con una tapa y cocine a fuego lento durante 30 minutos. Agrega la mezcla de harina. Mezclar bien.

- Cocine a fuego lento durante 10 minutos, revolviendo con frecuencia. Servir caliente.

Himani Kip

(Pollo con cardamomo)

Para 4 personas

Ingredientes

1 kg/2¼ lb de pollo, cortado en 10 trozos

3 cucharadas de aceite vegetal refinado

¼ cucharadita de cardamomo verde molido

Sal al gusto

Para el inserto:

1 cucharadita de pasta de jengibre

1 cucharadita de pasta de ajo

200 g/7 oz de yogur

2 cucharadas de hojas de menta, molidas

Método

- Mezclar todos los ingredientes para la marinada. Marina el pollo con esta mezcla durante 4 horas.

- Calentar el aceite en una cacerola. Agrega el pollo marinado y cocina a fuego lento durante 10 minutos. Agrega el cardamomo y la sal. Mezcle bien y cocine durante 30 minutos, revolviendo con frecuencia. Servir caliente.

pollo blanco

Para 4 personas

Ingredientes

750 g/1 libra 10 oz de pollo deshuesado, picado

1 cucharadita de pasta de jengibre

1 cucharadita de pasta de ajo

1 cucharada de ghee

2 dientes

1 pulgada/2,5 cm de canela

8 granos de pimienta negra

2 hojas de laurel

Sal al gusto

250 ml/8 onzas líquidas de agua

30 g/1 oz de anacardos molidos

10-12 almendras molidas

1 cucharada de nata líquida

Método

- Marina el pollo con pasta de jengibre y pasta de ajo durante 30 minutos.

- Calienta el ghee en una sartén. Agrega los clavos, la canela, los granos de pimienta, las hojas de laurel y la sal. Hazlos escupir durante 15 segundos.

- Agrega el pollo marinado y el agua. Cocine a fuego lento durante 30 minutos. Agrega los anacardos, las almendras y la nata. Cocine por 5 minutos y sirva caliente.

Pollo en masala roja

Para 4 personas

Ingredientes

- 3 cucharadas de aceite vegetal refinado
- 2 cebollas grandes, en rodajas finas
- 1 cucharada de semillas de amapola
- 5 pimientos rojos secos
- 50 g de coco fresco rallado
- 1 pulgada/2,5 cm de canela
- 2 cucharaditas de pasta de tamarindo
- 6 dientes de ajo
- 500 g/1 libra 2 oz de pollo, picado
- 2 tomates, en rodajas finas
- 1 cucharada de cilantro molido
- 1 cucharadita de comino molido

- 500ml/16 onzas líquidas de agua
- Sal al gusto

Método
- Calentar el aceite en una cacerola. Saltee la cebolla a fuego medio hasta que se dore. Agrega las semillas de amapola, el pimentón, el coco y la canela. Hornee por 3 minutos.

- Agrega la pasta de tamarindo y el ajo. Mezclar bien y triturar hasta obtener una pasta.

- Mezcla esta pasta con todos los demás ingredientes. Cuece la mezcla en una cacerola a fuego lento durante 40 minutos. Servir caliente.

Kip Jhalfrezie

(Pollo en salsa espesa de tomate)

Para 4 personas

Ingredientes

3 cucharadas de aceite vegetal refinado

3 cebollas grandes, finamente picadas

2,5 cm de raíz de jengibre, en rodajas finas

1 cucharadita de pasta de ajo

1 kg/2 lb de pollo, cortado en 8 trozos

½ cucharadita de cúrcuma

3 cucharaditas de cilantro molido

1 cucharadita de comino molido

4 tomates, blanqueados y triturados

Sal al gusto

Método

- Calentar el aceite en una cacerola. Agrega la cebolla, el jengibre y la pasta de ajo. Freír a fuego medio hasta que la cebolla esté dorada.

- Agrega el pollo, la cúrcuma, el cilantro molido y el comino molido. Hornee por 5 minutos.

- Agrega el puré de tomate y la sal. Mezclar bien y cocinar a fuego lento durante 40 minutos, revolviendo ocasionalmente. Servir caliente.

pollo al curry sencillo

Para 4 personas

Ingredientes

2 cucharadas de aceite vegetal refinado

2 cebollas grandes, picadas

½ cucharadita de cúrcuma

1 cucharadita de pasta de jengibre

1 cucharadita de pasta de ajo

6 chiles verdes, rebanados

750 g/1 libra 10 oz de pollo, cortado en 8 trozos

Yogur 125 g/4½ oz

125 g/4½ oz de khoya*

Sal al gusto

50 g de hojas de cilantro finamente picadas

Método

- Calentar el aceite en una cacerola. Agrega la cebolla. Hornee hasta que esté transparente.

- Agregue la cúrcuma, la pasta de jengibre, la pasta de ajo y los chiles verdes. Freír durante 2 minutos a fuego medio. Agrega el pollo y sofríe por 5 minutos.

- Agrega el yogur, el khoya y la sal. Mezclar bien. Cubra con una tapa y cocine a fuego lento durante 30 minutos, revolviendo ocasionalmente.

- Decora con hojas de cilantro. Servir caliente.

Pollo al curry agridulce

Para 4 personas

Ingredientes

1 kg/2 lb de pollo, cortado en 8 trozos

Sal al gusto

½ cucharadita de cúrcuma

4 cucharadas de aceite vegetal refinado

3 cebollas, finamente picadas

8 hojas de curry

3 tomates, finamente picados

1 cucharadita de pasta de jengibre

1 cucharadita de pasta de ajo

1 cucharada de cilantro molido

1 cucharadita de garam masala

1 cucharada de pasta de tamarindo

½ cucharada de pimienta negra molida

250 ml/8 onzas líquidas de agua

Método

- Marina los trozos de pollo con sal y cúrcuma durante 30 minutos.

- Calentar el aceite en una cacerola. Agrega la cebolla y las hojas de curry. Freír a fuego lento hasta que la cebolla esté transparente.

- Agrega todos los demás ingredientes y el pollo marinado. Mezclar bien, tapar y cocinar a fuego lento durante 40 minutos. Servir caliente.

Anjeer De Pollo Seco

(Pollo seco con higos)

Para 4 personas

Ingredientes

750 g/1 libra 10 oz de pollo, cortado en 12 trozos

4 cucharadas de ghee

2 cebollas grandes, finamente picadas

250 ml/8 onzas líquidas de agua

Sal al gusto

Para el inserto:

10 higos secos, remojados durante 1 hora

1 cucharadita de pasta de jengibre

1 cucharadita de pasta de ajo

200 g/7 oz de yogur

1½ cucharadita de garam masala

2 cucharadas de nata líquida

Método
- Mezclar todos los ingredientes para la marinada. Marina el pollo con esta mezcla durante una hora.

- Calienta el ghee en una sartén. Saltee la cebolla a fuego medio hasta que se dore.

- Agrega el pollo marinado, el agua y la sal. Mezclar bien, tapar y cocinar a fuego lento durante 40 minutos. Servir caliente.

yogur de pollo

Para 4 personas

Ingredientes

30 g de hojas de menta finamente picadas

30 g de hojas de cilantro picadas

2 cucharaditas de pasta de jengibre

2 cucharaditas de pasta de ajo

Yogur 400g/14oz

200 g/7 oz de puré de tomate

jugo de 1 limón

1 kg/2¼ lb de pollo, cortado en 12 trozos

2 cucharadas de aceite vegetal refinado

4 cebollas grandes, finamente picadas

Sal al gusto

Método

- Muele las hojas de menta y las hojas de cilantro hasta obtener una pasta fina. Mézclalo con pasta de jengibre, pasta de ajo, yogur, puré de tomate y jugo de limón. Marina el pollo con esta mezcla durante 3 horas.

- Calentar el aceite en una cacerola. Saltee la cebolla a fuego medio hasta que se dore.

- Agrega el pollo marinado. Tape y cocine a fuego lento durante 40 minutos, revolviendo ocasionalmente. Servir caliente.

Pollo frito picante

Para 4 personas

Ingredientes

1 cucharadita de pasta de jengibre

2 cucharaditas de pasta de ajo

2 chiles verdes, finamente picados

1 cucharadita de chile en polvo

1 cucharadita de garam masala

2 cucharaditas de jugo de limón

½ cucharadita de cúrcuma

Sal al gusto

1 kg/2 lb de pollo, cortado en 8 trozos

Aceite vegetal refinado para freír.

Pan rallado, para rebozar

Método

- Mezcle la pasta de jengibre, la pasta de ajo, el chile verde, el chile en polvo, el garam masala, el jugo de limón, la cúrcuma y la sal. Marina el pollo con esta mezcla durante 3 horas.

- Calentar el aceite en una sartén. Frote cada trozo de pollo marinado en pan rallado y fríalo a fuego medio hasta que esté dorado.

- Escurrir sobre toallas de papel y servir tibio.

pollo excelente

Para 4 personas

Ingredientes

1 cucharadita de pasta de jengibre

1 cucharadita de pasta de ajo

1 kg/2 lb de pollo, cortado en 8 trozos

200 g/7 oz de yogur

Sal al gusto

250 ml/8 onzas líquidas de agua

2 cucharadas de aceite vegetal refinado

2 cebollas grandes, picadas

4 pimientos rojos

5 cm/2 pulgadas de canela

2 cápsulas de cardamomo negro

4 dientes

1 cucharada de chana dhal*, asado seco

Método

- Mezcle la pasta de jengibre y la pasta de ajo. Marina el pollo con esta mezcla durante 30 minutos. Agrega el yogur, la sal y el agua. Dejar de lado.

- Calentar el aceite en una cacerola. Agregue la cebolla, el chile, la canela, el cardamomo, el clavo y el chana dhal. Freír a fuego lento durante 3-4 minutos.

- Muela hasta obtener una pasta y agregue a la mezcla de pollo. Mezclar bien.

- Cocine a fuego lento durante 30 minutos. Servir caliente.

vindaloo de pollo

(Pollo al curry picante de Goa)

Para 4 personas

Ingredientes

60 ml de vinagre de malta

1 cucharada de comino

1 cucharadita de granos de pimienta

6 pimientos rojos

1 cucharadita de cúrcuma

Sal al gusto

4 cucharadas de aceite vegetal refinado

3 cebollas grandes, finamente picadas

1 kg/2 lb de pollo, cortado en 8 trozos

Método

- Muele el vinagre con el comino, los granos de pimienta, la guindilla, la cúrcuma y la sal hasta obtener una pasta suave. Dejar de lado.

- Calentar el aceite en una cacerola. Agrega la cebolla y cocina hasta que esté transparente. Agrega vinagre y comino. Mezclar bien y hornear durante 4-5 minutos.

- Agrega el pollo y cocina a fuego lento durante 30 minutos. Servir caliente.

Pollo caramelizado

Para 4 personas

Ingredientes

200 g/7 oz de yogur

1 cucharadita de pasta de jengibre

1 cucharadita de pasta de ajo

2 cucharadas de cilantro molido

1 cucharadita de comino molido

1½ cucharadita de garam masala

Sal al gusto

1 kg/2 lb de pollo, cortado en 8 trozos

3 cucharadas de aceite vegetal refinado

2 cucharaditas de azúcar

3 dientes

1 pulgada/2,5 cm de canela

6 granos de pimienta negra

Método
- Combine yogur, pasta de jengibre, pasta de ajo, cilantro molido, comino molido, garam masala y sal. Marina el pollo durante la noche con esta mezcla.

- Calentar el aceite en una cacerola. Agrega el azúcar, los clavos, la canela y los granos de pimienta. Hornea por un minuto. Agrega el pollo marinado y cocina a fuego lento durante 40 minutos. Servir caliente.

Pollo de nueces

Para 4 personas

Ingredientes

1 kg/2¼ lb de pollo, cortado en 12 trozos

Sal al gusto

1 cucharadita de pasta de jengibre

1 cucharadita de pasta de ajo

4 cucharadas de aceite vegetal refinado

4 cebollas grandes, picadas

15 anacardos, triturados

6 pimientos rojos, remojados durante 15 minutos

2 cucharaditas de comino molido

60 ml de salsa de tomate

500ml/16 onzas líquidas de agua

Método

- Marina el pollo con sal, jengibre y pasta de ajo durante 1 hora.

- Calentar el aceite en una cacerola. Saltee la cebolla a fuego medio hasta que se dore.

- Agrega los anacardos, el pimentón, el comino y el ketchup. Hervir 5 minutos.

- Agrega el pollo y el agua. Cocine a fuego lento durante 40 minutos y sirva caliente.

Pollo Rápido

Para 4 personas

Ingredientes

4 cucharadas de aceite vegetal refinado

6 pimientos rojos

6 granos de pimienta negra

1 cucharadita de semillas de cilantro

1 cucharadita de comino

1 pulgada/2,5 cm de canela

4 dientes

1 cucharadita de cúrcuma

8 dientes de ajo

1 cucharadita de pasta de tamarindo

4 cebollas medianas, en rodajas finas

2 tomates grandes, finamente picados

1 kg/2¼ lb de pollo, cortado en 12 trozos

250 ml/8 onzas líquidas de agua

Sal al gusto

Método

- Calienta media cucharada de aceite en una sartén. Agregue el chile rojo, los granos de pimienta, las semillas de cilantro, el comino, la canela y el clavo. Fríelos a fuego medio durante 2-3 minutos.
- Agrega la cúrcuma, el ajo y la pasta de tamarindo. Muele la mezcla hasta obtener una pasta suave. Dejar de lado.
- Calienta el aceite restante en una sartén. Agrega las cebollas y sofríelas a fuego medio hasta que estén doradas. Agrega los tomates y sofríe durante 3-4 minutos.
- Agrega el pollo y cocina durante 4-5 minutos.
- Agrega agua y sal. Mezclar bien y cubrir con una tapa. Cocine a fuego lento durante 40 minutos, revolviendo ocasionalmente.
- Servir caliente.

Pollo Al Curry Coorgi

Para 4 personas

Ingredientes

1 kg/2¼ lb de pollo, cortado en 12 trozos

Sal al gusto

1 cucharadita de cúrcuma

50 g de coco rallado

3 cucharadas de aceite vegetal refinado

1 cucharadita de pasta de ajo

2 cebollas grandes, en rodajas finas

1 cucharadita de comino molido

1 cucharadita de cilantro molido

360 ml/12 onzas de agua

Método

- Marina el pollo durante una hora con sal y cúrcuma. Dejar de lado.
- Muele el coco con suficiente agua para hacer una pasta suave.
- Calentar el aceite en una cacerola. Agrega el puré de coco con la pasta de ajo, la cebolla, el comino molido y el cilantro. Freír a fuego lento durante 4-5 minutos.
- Agrega el pollo marinado. Mezclar bien y hornear durante 4-5 minutos. Agrega el agua, tapa con una tapa y cocina a fuego lento durante 40 minutos. Servir caliente.

Sartén Pollo

Para 4 personas

Ingredientes

4 cucharadas de aceite vegetal refinado

1 cucharadita de pasta de jengibre

1 cucharadita de pasta de ajo

2 cebollas grandes, finamente picadas

1 cucharadita de garam masala

1½ cucharada de anacardos, molidos

1½ cucharada de semillas de melón*, suelo

1 cucharadita de cilantro molido

500 g/1 libra 2 oz de pollo deshuesado

200 g/7 oz de puré de tomate

2 cubitos de caldo de pollo

250 ml/8 onzas líquidas de agua

Sal al gusto

Método

- Calentar el aceite en una cacerola. Agrega la pasta de jengibre, la pasta de ajo, la cebolla y el garam masala. Freír a fuego lento durante 2-3 minutos. Agrega los anacardos, las semillas de melón y el cilantro molido. Hornee por 2 minutos.
- Agrega el pollo y sofríe por 5 minutos. Agrega el puré de tomate, la pastilla de caldo, el agua y la sal. Cubra y cocine a fuego lento durante 40 minutos. Servir caliente.

Pollo Con Espinacas

Para 4 personas

Ingredientes

3 cucharadas de aceite vegetal refinado

6 dientes

5 cm/2 pulgadas de canela

2 hojas de laurel

2 cebollas grandes, finamente picadas

12 dientes de ajo, finamente picados

400 g/14 oz de espinacas, picadas en trozos grandes

200 g/7 oz de yogur

250 ml/8 onzas líquidas de agua

750 g/1 libra 10 oz de pollo, cortado en 8 trozos

Sal al gusto

Método

- Calienta 2 cucharadas de aceite en una sartén. Agrega los clavos, la canela y las hojas de laurel. Hazlos escupir durante 15 segundos.
- Agrega la cebolla y cocina a fuego medio hasta que esté transparente.
- Agrega el ajo y las espinacas. Mezclar bien. Cocine de 5 a 6 minutos. Dejar enfriar y triturar con suficiente agua hasta obtener una pasta suave.
- Calienta el aceite restante en una sartén. Agrega la pasta de espinacas y cocina durante 3-4 minutos. Agrega el yogur y el agua. Cocine de 5 a 6 minutos. Agrega el pollo y la sal. Cocine a fuego lento durante 40 minutos. Servir caliente.

pollo indio

Para 4 personas

Ingredientes

4-5 cucharadas de aceite vegetal refinado

4 cebollas grandes, finamente picadas

1 kg/2¼ lb de pollo, cortado en 10 trozos

Sal al gusto

500ml/16 onzas líquidas de agua

Para la mezcla de especias:

2,5 cm/1 pulgada de raíz de jengibre

10 dientes de ajo

1 cucharada de garam masala

2 cucharaditas de semillas de hinojo

1½ cucharada de semillas de cilantro

60 ml de agua

Método
- Muele los ingredientes para la mezcla de especias hasta obtener una pasta suave. Dejar de lado.
- Calentar el aceite en una cacerola. Saltee la cebolla a fuego medio hasta que se dore.
- Agregue la pasta con mezcla de especias, el pollo y la sal. Hornee de 5 a 6 minutos. Agrega agua. Tapar y cocinar durante 40 minutos. Servir caliente.

Corey Gassic

(Pollo Mangalore con Curry)

Para 4 personas

Ingredientes

4 cucharadas de aceite vegetal refinado

6 pimientos rojos enteros

1 cucharadita de pimienta negra

4 cucharaditas de semillas de cilantro

2 cucharaditas de comino

150 g/5½ oz de coco fresco rallado

8 dientes de ajo

500ml/16 onzas líquidas de agua

3 cebollas grandes, finamente picadas

1 cucharadita de cúrcuma

1 kg/2 lb de pollo, cortado en 8 trozos

2 cucharaditas de pasta de tamarindo

Sal al gusto

Método
- Calienta 1 cucharadita de aceite en una sartén. Agregue el chile rojo, los granos de pimienta, las semillas de cilantro y el comino. Hazlos escupir durante 15 segundos.
- Muele esta mezcla con coco, ajo y la mitad del agua hasta formar una pasta.
- Calienta el aceite restante en una sartén. Agrega la cebolla, la cúrcuma y el puré de coco. Freír a fuego medio durante 5-6 minutos.
- Agrega el pollo, la pasta de tamarindo, la sal y el agua restante. Mezclar bien. Cubra con una tapa y cocine a fuego lento durante 40 minutos. Servir caliente.

Pollo Ghezado

(Pollo de Goa)

Para 4 personas

Ingredientes

3 cucharadas de aceite vegetal refinado

2 cebollas grandes, finamente picadas

1 cucharadita de pasta de jengibre

1 cucharadita de pasta de ajo

2 tomates, finamente picados

1 kg/2 lb de pollo, cortado en 8 trozos

1 cucharada de cilantro molido

2 cucharadas de garam masala

Sal al gusto

250 ml/8 onzas líquidas de agua

Método

- Calentar el aceite en una cacerola. Agrega la cebolla, la pasta de jengibre y la pasta de ajo. Hornee por 2 minutos. Agrega los tomates y el pollo. Hornee por 5 minutos.
- Agrega todos los demás ingredientes. Cocine a fuego lento durante 40 minutos y sirva caliente.

Pollo en salsa de tomate

Para 4 personas

Ingredientes

1 cucharada de ghee

2,5 cm de raíz de jengibre finamente picada

10 dientes de ajo, finamente picados

2 cebollas grandes, finamente picadas

4 pimientos rojos

1 cucharadita de garam masala

1 cucharadita de cúrcuma

800g/1¾lb de puré de tomate

1 kg/2 lb de pollo, cortado en 8 trozos

Sal al gusto

200 g/7 oz de yogur

Método
- Calienta el ghee en una sartén. Agrega el jengibre, el ajo, la cebolla, el pimiento rojo, el garam masala y la cúrcuma. Freír durante 3 minutos a fuego medio.
- Agrega el puré de tomate y cocina a fuego lento durante 4 minutos.
- Agrega el pollo, la sal y el yogur. Mezclar bien.
- Tape y cocine a fuego lento durante 40 minutos, revolviendo ocasionalmente. Servir caliente.

Shahenshah Murgh

(Pollo cocido en salsa especial)

Para 4 personas

Ingredientes

250 g/9 oz de maní remojado durante 4 horas

60 g/2 oz de pasas

4 chiles verdes, cortados a lo largo

1 cucharada de comino

4 cucharadas de ghee

1 cucharada de canela molida

3 cebollas grandes, finamente picadas

1 kg/2¼ lb de pollo, cortado en 12 trozos

Sal al gusto

Método

- Escurre el maní y muélelo con pasas, chiles verdes, comino y suficiente agua para hacer una pasta suave. Dejar de lado.
- Calienta el ghee en una sartén. Agrega canela molida. Déjalo hervir a fuego lento durante 30 segundos.
- Agregue la cebolla y la pasta de maní y pasas trituradas. Hornee durante 2-3 minutos.
- Agrega el pollo y la sal. Mezclar bien. Cocine a fuego lento durante 40 minutos, revolviendo ocasionalmente. Servir caliente.

Kip do Pyaaza

(pollo con cebolla)

Para 4 personas

Ingredientes

4 cucharadas de ghee y extra para hornear

4 dientes

½ cucharadita de semillas de hinojo

1 cucharadita de cilantro molido

1 cucharadita de pimienta negra molida

2,5 cm de raíz de jengibre finamente picada

8 dientes de ajo, finamente picados

4 cebollas grandes, picadas

1 kg/2¼ lb de pollo, cortado en 12 trozos

½ cucharadita de cúrcuma

4 tomates, finamente picados

Sal al gusto

Método
- Calienta 4 cucharadas de ghee en una sartén. Agrega los clavos, las semillas de hinojo, el cilantro molido y la pimienta. Hazlos escupir durante 15 segundos.
- Agrega el jengibre, el ajo y la cebolla. Freír durante 1-2 minutos a fuego medio.
- Agrega el pollo, la cúrcuma, los tomates y la sal. Mezclar bien. Cocine a fuego lento durante 30 minutos, revolviendo con frecuencia. Servir caliente.

Pollo Bengalí

Para 4 personas

Ingredientes

300 gramos de yogur

1 cucharadita de pasta de jengibre

1 cucharadita de pasta de ajo

3 cebollas grandes, 1 rallada y 2 finamente picadas

1 cucharadita de cúrcuma

2 cucharaditas de chile en polvo

Sal al gusto

1 kg/2¼ lb de pollo, cortado en 12 trozos

4 cucharadas de aceite de mostaza

500ml/16 onzas líquidas de agua

Método

- Mezcle yogur, pasta de jengibre, pasta de ajo, cebolla, cúrcuma, chile en polvo y sal. Marina el pollo con esta mezcla durante 30 minutos.
- Calienta el aceite en el sarten. Agrega la cebolla picada y sofríe hasta que se dore.
- Agrega el pollo marinado, el agua y la sal. Mezclar bien. Cubra con una tapa y cocine a fuego lento durante 40 minutos. Servir caliente.

Lasooni Murgh

(Pollo cocido al ajillo)

Para 4 personas

Ingredientes

200 g/7 oz de yogur

2 cucharadas de pasta de ajo

1 cucharadita de garam masala

2 cucharadas de jugo de limón

1 cucharadita de pimienta negra molida

5 hebras de azafrán

Sal al gusto

750 g/1 libra 10 oz de pollo deshuesado, cortado en 8 trozos

2 cucharadas de aceite vegetal refinado

60 ml de nata para montar

Método

- Combine yogur, pasta de ajo, garam masala, jugo de limón, pimienta, azafrán, sal y pollo. Pon la mezcla en el frigorífico durante la noche.
- Calentar el aceite en una cacerola. Agrega la mezcla de pollo, tapa y cocina a fuego lento durante 40 minutos, revolviendo ocasionalmente.
- Agrega la nata y revuelve por un minuto. Servir caliente.

café con pollo

(Pollo goano en salsa de cilantro)

Para 4 personas

Ingredientes

1 kg/2 lb de pollo, cortado en 8 trozos

5 cucharadas de aceite vegetal refinado

250 ml/8 onzas líquidas de agua

Sal al gusto

4 limones, en cuartos

Para el inserto:

50 g de hojas de cilantro picadas

2,5 cm/1 pulgada de raíz de jengibre

10 dientes de ajo

120 ml de vinagre de malta

1 cucharada de garam masala

Método

- Mezcla todos los ingredientes para la marinada y muele con suficiente agua hasta formar una pasta suave. Marina el pollo con esta mezcla durante una hora.
- Calentar el aceite en una cacerola. Agrega el pollo marinado y cocina a fuego medio durante 5 minutos. Agrega agua y sal. Tape y cocine a fuego lento durante 40 minutos, revolviendo ocasionalmente. Servir caliente con limones.

Pollo Con Albaricoques

Para 4 personas

Ingredientes

4 cucharadas de aceite vegetal refinado

3 cebollas grandes, en rodajas finas

1 cucharadita de pasta de jengibre

1 cucharadita de pasta de ajo

1 kg/2 lb de pollo, cortado en 8 trozos

1 cucharadita de chile en polvo

1 cucharadita de cúrcuma

2 cucharaditas de comino molido

2 cucharadas de azúcar

300 g de orejones, remojados durante 10 minutos

60 ml de agua

1 cucharada de vinagre de malta

Sal al gusto

Método
- Calentar el aceite en una cacerola. Agrega la cebolla, la pasta de jengibre y la pasta de ajo. Freír a fuego medio hasta que la cebolla esté dorada.
- Agrega el pollo, el chile en polvo, la cúrcuma, el comino molido y el azúcar. Mezclar bien y cocinar durante 5-6 minutos.
- Agrega el resto de los ingredientes. Cocine a fuego lento durante 40 minutos y sirva caliente.

Pollo a la parrilla

Para 4 personas

Ingredientes

Sal al gusto

1 cucharada de vinagre de malta

1 cucharadita de pimienta negra molida

1 cucharadita de pasta de jengibre

1 cucharadita de pasta de ajo

2 cucharaditas de garam masala

1 kg/2 lb de pollo, cortado en 8 trozos

2 cucharadas de ghee

2 cebollas grandes, picadas

2 tomates, finamente picados

Método

- Mezcle sal, vinagre, pimienta, pasta de jengibre, pasta de ajo y garam masala. Marina el pollo con esta mezcla durante una hora.
- Calienta el ghee en una sartén. Agrega la cebolla y sofríe a fuego medio hasta que se dore.
- Agrega los tomates y el pollo marinado. Mezclar bien y hornear durante 4-5 minutos.
- Retirar del fuego y asar la mezcla durante 40 minutos. Servir caliente.

Pato entero asado con pimienta

Para 4 personas

Ingredientes

2 cucharadas de vinagre de malta

1½ cucharadita de pasta de jengibre

1 cucharadita de pasta de ajo

Sal al gusto

1 cucharadita de pimienta negra molida

pato 1 kg/2¼lb

2 cucharadas de mantequilla

2 cucharadas de aceite vegetal refinado

3 cebollas grandes, en rodajas finas

4 tomates, finamente picados

1 cucharadita de azúcar

500ml/16 onzas líquidas de agua

Método

- Mezcle vinagre, pasta de jengibre, pasta de ajo, sal y pimienta. Pinchar el pato con un tenedor y dejar marinar durante 1 hora con esta mezcla.
- Calentar la mantequilla y el aceite juntos en una cacerola. Agrega las cebollas y los tomates. Freír durante 3-4 minutos a fuego medio. Agrega el pato, el azúcar y el agua. Mezclar bien y cocinar a fuego lento durante 45 minutos. Servir caliente.

pollo bhuna

(Pollo cocido en yogur)

Para 4 personas

Ingredientes

4 cucharadas de aceite vegetal refinado

1 kg/2¼ lb de pollo, cortado en 12 trozos

1 cucharadita de pasta de jengibre

1 cucharadita de pasta de ajo

½ cucharadita de cúrcuma

2 cebollas grandes, finamente picadas

1½ cucharadita de garam masala

1 cucharadita de pimienta negra recién molida

150 g/5½ oz de yogur batido

Sal al gusto

Método

- Calentar el aceite en una cacerola. Agrega el pollo y cocina a fuego medio durante 6-7 minutos. Escurrir y reservar.
- Al mismo aceite, agregue la pasta de jengibre, la pasta de ajo, la cúrcuma y la cebolla. Cocine a fuego medio durante 2 minutos, revolviendo con frecuencia.
- Agrega el pollo frito y todos los demás ingredientes. Cocine a fuego lento durante 40 minutos. Servir caliente.

pollo al curry con huevo

Para 4 personas

Ingredientes

6 dientes de ajo

2,5 cm/1 pulgada de raíz de jengibre

25g/1oz de coco fresco rallado

2 cucharaditas de semillas de amapola

1 cucharadita de garam masala

1 cucharadita de comino

1 cucharada de semillas de cilantro

1 cucharadita de cúrcuma

Sal al gusto

4 cucharadas de aceite vegetal refinado

2 cebollas grandes, finamente picadas

1 kg/2 lb de pollo, cortado en 8 trozos

4 huevos, duros y partidos por la mitad

Método

- Muele el ajo, el jengibre, el coco, las semillas de amapola, el garam masala, el comino, las semillas de cilantro, la cúrcuma y la sal. Dejar de lado.
- Calentar el aceite en una cacerola. Agrega la cebolla y la pasta molida. Freír durante 3-4 minutos a fuego medio. Agrega el pollo y revuelve bien.
- Cocine a fuego lento durante 40 minutos. Adorne con los huevos y sirva caliente.

Pollo frito picante

Para 4 personas

Ingredientes

1 kg/2 lb de pollo, cortado en 8 trozos

8 fl oz/250 ml de aceite vegetal refinado

Para el inserto:

1½ cucharadita de cilantro molido

4 cápsulas de cardamomo verde

7,5 cm/3 pulgadas de canela

½ cucharadita de semillas de hinojo

1 cucharada de garam masala

4-6 dientes de ajo

2,5 cm/1 pulgada de raíz de jengibre

1 cebolla grande, rallada

1 tomate grande, triturado

Sal al gusto

Método
- Muele todos los ingredientes para la marinada juntos. Marina el pollo con esta mezcla durante 30 minutos.
- Cocina el pollo marinado en una cacerola a fuego medio durante 30 minutos, revolviendo ocasionalmente.
- Calentar el aceite y sofreír el pollo cocido durante 5-6 minutos. Servir caliente.

Goan Kombdic

(Pollo al curry de Goa)

Para 4 personas

Ingredientes

1 kg/2 lb de pollo, cortado en 8 trozos

Sal al gusto

½ cucharadita de cúrcuma

6 pimientos rojos

5 dientes

5 cm/2 pulgadas de canela

1 cucharada de semillas de cilantro

½ cucharadita de semillas de fenogreco

½ cucharadita de semillas de mostaza

4 cucharadas de aceite

1 cucharada de pasta de tamarindo

500 ml/16 fl oz de leche de coco

Método

- Marina el pollo con sal y cúrcuma durante 1 hora. Dejar de lado.
- Muele el pimentón, el clavo, la canela, las semillas de cilantro, las semillas de fenogreco y las semillas de mostaza con suficiente agua hasta formar una pasta.
- Calentar el aceite en una cacerola. Hornea la masa durante 4 minutos. Agrega el pollo, la pasta de tamarindo y la leche de coco. Cocine a fuego lento durante 40 minutos y sirva caliente.

pollo al curry sureño

Para 4 personas

Ingredientes

16 anacardos

6 pimientos rojos

2 cucharadas de semillas de cilantro

½ cucharadita de comino

1 cucharada de jugo de limón

5 cucharadas de ghee

3 cebollas grandes, finamente picadas

10 dientes de ajo, finamente picados

2,5 cm de raíz de jengibre finamente picada

1 kg/2¼ lb de pollo, cortado en 12 trozos

1 cucharadita de cúrcuma

Sal al gusto

500 ml/16 fl oz de leche de coco

Método

- Muele los anacardos, los chiles, las semillas de cilantro, el comino y el jugo de limón con suficiente agua hasta formar una pasta suave. Dejar de lado.
- Calienta ghee. Agrega la cebolla, el ajo y el jengibre. Hornee por 2 minutos.
- Agrega el pollo, la cúrcuma, la sal y la pasta de anacardos. Hornee por 5 minutos. Agrega la leche de coco y cocina a fuego lento durante 40 minutos. Servir caliente.

Pollo Nizamí

(Pollo cocido con azafrán y almendras)

Para 4 personas

Ingredientes

4 cucharadas de aceite vegetal refinado

1 pollo grande, cortado en 8 trozos

Sal al gusto

750ml/1¼ litro de leche

½ cucharadita de azafrán remojado en 2 cucharaditas de leche

Para la mezcla de especias:

1 cucharada de pasta de jengibre

3 cucharadas de semillas de amapola

5 pimientos rojos

25 g/1 oz de coco desecado

20 almendras

6 cucharadas de leche

Método
- Muele los ingredientes para la mezcla de especias hasta obtener una pasta suave.
- Calentar el aceite en una cacerola. Hornea la masa a fuego lento durante 4 minutos.
- Agrega el pollo, la sal y la leche. Cocine a fuego lento durante 40 minutos, revolviendo con frecuencia. Añade el azafrán y cocina a fuego lento durante otros 5 minutos. Servir caliente.

pato búfalo

(Pato cocinado con verduras)

Para 4 personas

Ingredientes

4 cucharadas de ghee

3 cebollas grandes, en cuartos

750 g/1 libra 10 oz de pato, cortado en 8 trozos

3 patatas grandes, cortadas en gajos

50 g de col cortada en rodajas

200 g/7 oz de guisantes congelados

1 cucharadita de cúrcuma

4 chiles verdes, cortados a lo largo

1 cucharadita de canela molida

1 cucharadita de clavo molido

30 g de hojas de menta finamente picadas

Sal al gusto

750ml/1¼ litro de agua

1 cucharada de vinagre de malta

Método

- Calienta el ghee en una sartén. Agrega la cebolla y sofríe a fuego medio hasta que se dore. Agrega el pato y cocina de 5 a 6 minutos.
- Agrega el resto de los ingredientes excepto el agua y el vinagre. Hornea por 8 minutos. Agrega agua y vinagre. Cocine a fuego lento durante 40 minutos. Servir caliente.

Adraki Murgh

(Pollo al jengibre)

Para 4 personas

Ingredientes

2 cucharadas de aceite vegetal refinado

2 cebollas grandes, finamente picadas

2 cucharadas de pasta de jengibre

½ cucharadita de pasta de ajo

½ cucharadita de cúrcuma

1 cucharada de garam masala

1 tomate, finamente picado

1 kg/2¼ lb de pollo, cortado en 12 trozos

Sal al gusto

Método

- Calienta el aceite en el sarten. Agrega la cebolla, el jengibre y la pasta de ajo y sofríe durante 1-2 minutos a fuego medio.
- Agregue todos los demás ingredientes y cocine durante 5-6 minutos.
- Asa la mezcla durante 40 minutos y sirve caliente.

Bharva Murgh

(pollo relleno)

Para 4 personas

Ingredientes

½ cucharadita de pasta de jengibre

½ cucharadita de pasta de ajo

1 cucharadita de pasta de tamarindo

1 kg/2 libras de pollo

75 g/2½ onzas de ghee

2 cebollas grandes, finamente picadas

Sal al gusto

3 patatas grandes, cortadas en cubitos

2 cucharaditas de cilantro molido

1 cucharadita de comino molido

1 cucharadita de mostaza en polvo

50 g de hojas de cilantro picadas

2 dientes

1 pulgada/2,5 cm de canela

Método

- Mezcla jengibre, ajo y pasta de tamarindo. Marina el pollo con la mezcla durante 3 horas. Dejar de lado.
- Calentar ghee en una sartén y sofreír la cebolla hasta que esté dorada. Agrega todos los demás ingredientes excepto el pollo marinado. Hornee por 6 minutos.
- Rellena esta mezcla con el pollo marinado. Ase en el horno a 190°C (375°F, gas 5) durante 45 minutos. Servir caliente.

Malaidar Murgh

(Pollo cocido en salsa cremosa)

Para 4 personas

Ingredientes

4 cucharadas de aceite vegetal refinado

2 cebollas grandes, finamente picadas

cucharadita de clavo molido

Sal al gusto

1 kg/2¼ lb de pollo, cortado en 12 trozos

250 ml/8 onzas líquidas de agua

3 tomates, finamente picados

125 g/4½ oz de yogur batido

500ml/16fl oz de crema líquida

2 cucharadas de anacardos, molidos

10 g de hojas de cilantro picadas

Método
- Calienta el aceite en el sarten. Agrega la cebolla, los clavos y la sal. Freír durante 3 minutos a fuego medio. Agrega el pollo y cocina durante 7-8 minutos.
- Agrega agua y tomates. Hornea por 30 minutos.
- Agrega el yogur, la nata y los anacardos. Cocine a fuego lento durante 10 minutos.
- Decorar con hojas de cilantro y servir caliente.

Pollo al curry de Bombay

Para 4 personas

Ingredientes

8 cucharadas de aceite vegetal refinado

1 kg/2¼ lb de pollo, cortado en 12 trozos

2 cebollas grandes, picadas

1 cucharadita de pasta de jengibre

1 cucharadita de pasta de ajo

4 dientes, molidos

1 pulgada/2,5 cm de canela molida

1 cucharadita de comino molido

Sal al gusto

2 tomates, finamente picados

500ml/16 onzas líquidas de agua

Método
- Calienta la mitad del aceite en una sartén. Agrega el pollo y cocina a fuego medio durante 5 a 6 minutos. Dejar de lado.
- Calienta el aceite restante en una sartén. Agrega la cebolla, el jengibre y la pasta de ajo y sofríe a fuego medio hasta que la cebolla esté dorada. Agrega el resto de los ingredientes excepto el agua y el pollo. Dorar durante 5 a 6 minutos.
- Agrega el pollo frito y el agua. Cocine a fuego lento durante 30 minutos y sirva caliente.

Pollo Durbari

(pollo en rica salsa)

Para 4 personas

Ingredientes

150 g/5½ oz de chana dhal*

Sal al gusto

1 litro/1¾ litro de agua

2,5 cm/1 pulgada de raíz de jengibre

10 dientes de ajo

4 pimientos rojos

3 cucharadas de ghee

2 cebollas grandes, finamente picadas

½ cucharadita de cúrcuma

2 cucharadas de garam masala

½ cucharada de semillas de amapola

2 tomates, finamente picados

1 kg/2¼ lb de pollo, cortado en 10-12 trozos

2 cucharaditas de pasta de tamarindo

20 anacardos, triturados

250 ml/8 onzas líquidas de agua

250 ml/8 fl oz de leche de coco

Método

- Mezclar el dhal con sal y la mitad del agua. Cocina en una cacerola a fuego medio durante 45 minutos. Moler hasta obtener una pasta con jengibre, ajo y pimiento rojo.
- Calienta el ghee en una sartén. Agrega la cebolla, la mezcla de dhal y la cúrcuma. Freír durante 3-4 minutos a fuego medio. Agrega todos los demás ingredientes.
- Mezcle bien y cocine a fuego lento durante 40 minutos, revolviendo ocasionalmente. Servir caliente.

Pato Al Horno

Para 4 personas

Ingredientes

3 cucharadas de vinagre de malta

2 cucharadas de cilantro molido

½ cucharadita de pimienta negra molida

Sal al gusto

1 kg/2 lb de pato, cortado en 8 trozos

60 ml de aceite vegetal refinado

2 cebollas pequeñas

1 litro/1¾ litro de agua caliente

Método

- Mezclar el vinagre con cilantro molido, pimienta y sal. Marinar el pato con esta mezcla durante 1 hora.
- Calentar el aceite en una cacerola. Saltee la cebolla a fuego medio hasta que se dore.
- Agrega agua, sal y pato. Cocine a fuego lento durante 45 minutos y sirva caliente.

Pollo al cilantro y al ajillo

Para 4 personas

Ingredientes

4 cucharadas de aceite vegetal refinado

5 cm/2 pulgadas de canela

3 cápsulas de cardamomo verde

4 dientes

2 hojas de laurel

3 cebollas grandes, finamente picadas

10 dientes de ajo, finamente picados

1 cucharadita de pasta de jengibre

3 tomates, finamente picados

1 pollo grande, cortado en cubitos

250 ml/8 onzas líquidas de agua

150 g/5½ oz de hojas de cilantro picadas

Sal al gusto

Método

- Calentar el aceite en una cacerola. Agrega canela, cardamomo, clavo, laurel, cebolla, ajo y pasta de jengibre. Hornee durante 2-3 minutos.
- Agrega todos los demás ingredientes. Cocine a fuego lento durante 40 minutos y sirva caliente.

masala de pato

Para 4 personas

Ingredientes

30 g de ghee más 1 cucharada para freír

1 cebolla grande, en rodajas finas

1 cucharadita de pasta de jengibre

1 cucharadita de pasta de ajo

1 cucharadita de cilantro molido

½ cucharadita de pimienta negra molida

1 cucharadita de cúrcuma

1 kg/2¼ lb de pato, cortado en 12 trozos

1 cucharada de vinagre de malta

Sal al gusto

5 cm/2 pulgadas de canela

3 dientes

1 cucharadita de semilla de mostaza

Método

- Calentar 30 g de ghee en una sartén. Agrega la cebolla, la pasta de jengibre, la pasta de ajo, el cilantro, la pimienta y la cúrcuma. Hornee por 6 minutos.
- Agrega el pato. Freír a fuego medio durante 5 minutos. Agrega vinagre y sal. Mezclar bien y cocinar a fuego lento durante 40 minutos. Dejar de lado.
- Calienta el resto del ghee en una sartén y agrega la canela, el clavo y las semillas de mostaza. Hazlos escupir durante 15 segundos. Viértelo sobre la mezcla de pato y sírvelo caliente.

Pollo Con Mostaza

Para 4 personas

Ingredientes

2 tomates grandes, finamente picados

10 g/¼ oz de hojas de menta, finamente picadas

30 g de hojas de cilantro picadas

2,5 cm de raíz de jengibre pelada

8 dientes de ajo

3 cucharadas de aceite de mostaza

2 cucharaditas de semillas de mostaza

½ cucharadita de semillas de fenogreco

1 kg/2¼ lb de pollo, cortado en 12 trozos

500 ml/16 fl oz de agua tibia

Sal al gusto

Método

- Muele los tomates, las hojas de menta, las hojas de cilantro, el jengibre y el ajo hasta obtener una pasta suave. Dejar de lado.
- Calentar el aceite en una cacerola. Agrega las semillas de mostaza y las semillas de fenogreco. Hazlos escupir durante 15 segundos.
- Agrega el puré de tomate y cocina a fuego medio durante 2-3 minutos. Agrega el pollo, el agua y la sal. Mezclar bien y cocinar a fuego lento durante 40 minutos. Servir caliente.

Murgh Lassanwallah

(pollo con ajo)

Para 4 personas

Ingredientes

Yogur 400g/14oz

3 cucharaditas de pasta de ajo

1½ cucharadita de garam masala

Sal al gusto

750 g/1 libra 10 oz de pollo deshuesado, cortado en 12 trozos

1 cucharada de aceite vegetal refinado

1 cucharadita de comino

25 g/hojas pequeñas de eneldo

500 ml de leche

1 cucharada de pimienta negra molida

Método

- Mezcle el yogur, la pasta de ajo, el garam masala y la sal. Marina el pollo con esta mezcla durante 10-12 horas.
- Calienta el aceite. Añade el comino y déjalo chisporrotear durante 15 segundos. Agrega el pollo marinado y cocina a fuego medio durante 20 minutos.
- Agrega las hojas de eneldo, la leche y la pimienta. Cocine a fuego lento durante 15 minutos. Servir caliente.

Chettinad De Pollo A La Pimienta

(Pollo del sur de la India con granos de pimienta)

Para 4 personas

Ingredientes

2½ cucharadas de aceite vegetal refinado

10 hojas de curry

3 cebollas grandes, finamente picadas

1 cucharadita de pasta de jengibre

1 cucharadita de pasta de ajo

½ cucharadita de cúrcuma

2 tomates, finamente picados

½ cucharadita de semillas de hinojo molidas

cucharadita de clavo molido

500ml/16 onzas líquidas de agua

1 kg/2¼ lb de pollo, cortado en 12 trozos

Sal al gusto

1½ cucharadita de pimienta negra molida gruesa

Método
- Calentar el aceite en una cacerola. Agrega las hojas de curry, la cebolla, la pasta de jengibre y la pasta de ajo. Freír durante un minuto a fuego medio.
- Agrega todos los demás ingredientes. Cocine a fuego lento durante 40 minutos y sirva caliente.

Pollo molido con huevos

Para 4 personas

Ingredientes

3 cucharadas de aceite vegetal refinado

4 huevos, duros y rebanados

2 cebollas grandes, finamente picadas

2 cucharaditas de pasta de jengibre

2 cucharaditas de pasta de ajo

2 tomates, finamente picados

1 cucharadita de comino molido

2 cucharaditas de cilantro molido

½ cucharadita de cúrcuma

8-10 hojas de curry

1 cucharadita de garam masala

750 g/1 libra 10 oz de pollo, desmenuzado

Sal al gusto

360 ml/12 onzas de agua

Método

- Calentar el aceite en una cacerola. Agrega los huevos. Hornee por 2 minutos y reserve.
- En el mismo aceite, agrega la cebolla, la pasta de jengibre y la pasta de ajo. Freír durante 2-3 minutos a fuego medio.
- Agregue todos los demás ingredientes excepto el agua. Mezclar bien y cocinar por 5 minutos. Agrega agua. Cocine a fuego lento durante 30 minutos.
- Adorne con los huevos. Servir caliente.

pollo seco

Para 4 personas

Ingredientes

1 kg/2¼ lb de pollo, cortado en 12 trozos

6 cucharadas de aceite vegetal refinado

3 cebollas grandes, en rodajas finas

Para el inserto:

8 pimientos rojos

1 cucharada de semillas de sésamo

1 cucharada de semillas de cilantro

1 cucharadita de garam masala

4 cápsulas de cardamomo verde

10 dientes de ajo

3,5 cm/1½ de raíz de jengibre

6 cucharadas de vinagre de malta

Sal al gusto

Método

- Muele todos los ingredientes para la marinada hasta obtener una masa suave. Marina el pollo con esta pasta durante 3 horas.
- Calentar el aceite en una cacerola. Saltear la cebolla a fuego lento hasta que se dore. Agrega el pollo y cocina durante 40 minutos, revolviendo con frecuencia. Servir caliente.

brocheta de pescado

Para 4 personas

Ingredientes

1 kg de pez espada, pelado y fileteado

4 cucharadas de aceite vegetal refinado y un poco más para freír

75 g/2½ oz de chana dhal*, remojado durante 30 minutos en 250 ml de agua

3 dientes

½ cucharadita de comino

2,5 cm de raíz de jengibre rallada

10 dientes de ajo

1 pulgada/2,5 cm de canela

2 cápsulas de cardamomo negro

8 granos de pimienta negra

4 pimientos rojos secos

cucharadita: Cúrcuma

1 cucharada de yogur griego

1 cucharadita de semillas de comino negro

Para el llenado:

2 higos secos, finamente picados

4 orejones, finamente picados

jugo de 1 limón

10 g/¼ oz de hojas de menta, finamente picadas

10 g/¼ oz de hojas de cilantro, finamente picadas

Sal al gusto

Método

- Cocine el pescado al vapor a fuego medio durante 10 minutos. Dejar de lado.
- Calienta 2 cucharadas de aceite en una sartén. Escurre el dhal y fríelo a fuego medio hasta que esté dorado.
- Mezcle dhal con clavo, comino, jengibre, ajo, canela, cardamomo, granos de pimienta, chile rojo, cúrcuma, yogur y comino negro. Muele esta mezcla con suficiente agua hasta obtener una pasta suave. Dejar de lado.
- Calienta 2 cucharadas de aceite en una sartén. Agrega esta pasta y cocina durante 4-5 minutos a fuego medio.
- Agrega el pescado al vapor. Mezclar bien y revolver durante 2 minutos.

- Divida la mezcla en 8 porciones y forme hamburguesas. Dejar de lado.

- Mezclar todos los ingredientes para el relleno. Dividir en 8 porciones.

- Aplana las tartas y coloca con cuidado un poco del relleno en cada tarta. Cierra como una bolsa y vuelve a enrollar para formar una bola. Aplana las bolas.

- Calentar el aceite para freír en una sartén. Agrega los filetes y fríe a fuego medio hasta que estén dorados. Vuelve y repite.

- Escurrir sobre toallas de papel y servir tibio.

chuletas de pescado

Para 4 personas

Ingredientes

500 g de cola de rape, sin piel y fileteada

500ml/16 onzas líquidas de agua

Sal al gusto

1 cucharada de aceite vegetal refinado y un poco más para freír

1 cucharada de pasta de jengibre

1 cucharada de pasta de ajo

1 cebolla grande, finamente rallada

4 chiles verdes rallados

½ cucharadita de cúrcuma

1 cucharadita de garam masala

1 cucharadita de comino molido

1 cucharadita de chile en polvo

1 tomate, blanqueado y rebanado

25 g/hojas pequeñas de cilantro finamente picadas

2 cucharadas de hojas de menta, finamente picadas

400 g/14 oz de guisantes cocidos

2 rebanadas de pan remojadas en agua y escurridas

50 g de pan rallado

Método

- Coloca el pescado en una cacerola con el agua. Agrega sal y cocina a fuego medio durante 20 minutos. Escurrir y reservar.

- Para el relleno, calentar 1 cucharada de aceite en una sartén. Agrega la pasta de jengibre, la pasta de ajo y la cebolla. Freír durante 2-3 minutos a fuego medio.

- Agregue los chiles verdes, la cúrcuma, el garam masala, el comino molido y el chile en polvo. Hornea por un minuto.

- Agrega el tomate. Hornee durante 3-4 minutos.

- Agrega las hojas de cilantro, las hojas de menta, los guisantes y las rebanadas de pan. Mezclar bien. Cocine a fuego lento durante 7 a 8 minutos, revolviendo ocasionalmente. Retirar del fuego y amasar bien la mezcla. Dividir en 8 porciones iguales y reservar.

- Haga puré el pescado cocido y divídalo en 8 porciones.

- Forma una taza con cada porción de pescado y rellena con un poco de la mezcla del relleno. Cerrar como una bolsa, hacer una bola y darle forma de chuleta. Repita lo mismo con los trozos restantes de pescado y la mezcla de relleno.

- Calentar el aceite para freír en una sartén. Enrollar los escalopes en pan rallado y freírlos a fuego medio hasta que estén dorados. Servir caliente.

pescado sookha

(pescado seco con hierbas)

Para 4 personas

Ingredientes

1 cm de raíz de jengibre

10 dientes de ajo

1 cucharada de hojas de cilantro, finamente picadas

3 pimientos verdes

1 cucharadita de cúrcuma

3 cucharaditas de chile en polvo

Sal al gusto

1 kg de pez espada, pelado y fileteado

50 g/1¾ oz de coco desecado

6-7 kokums*, remojado durante 1 hora en 120 ml de agua

4 cucharadas de aceite vegetal refinado

60 ml de agua

Método

- Mezcle jengibre, ajo, hojas de cilantro, chiles verdes, cúrcuma, chile en polvo y sal. Muele esta mezcla hasta obtener una pasta suave.

- Marinar el pescado con la masa durante 1 hora.

- Calienta una cacerola. Agrega el coco. Freír en seco a fuego medio durante un minuto.

- Deseche el pepino y agregue el agua de cocción. Mezclar bien. Retirar del fuego y agregar esta mezcla al pescado marinado.

- Calentar el aceite en una cacerola. Agrega la mezcla de pescado y cocina a fuego medio durante 4-5 minutos.

- Agrega agua. Mezclar bien. Tape y cocine a fuego lento durante 20 minutos, revolviendo ocasionalmente.

- Servir caliente.

Mahya Kalia

(Pescado con coco, ajonjolí y maní)

Para 4 personas

Ingredientes

100 g/3½ oz de coco fresco rallado

1 cucharadita de semillas de sésamo

1 cucharada de maní

1 cucharada de pasta de tamarindo

1 cucharadita de cúrcuma

1 cucharadita de cilantro molido

Sal al gusto

250 ml/8 onzas líquidas de agua

500 g/1 lb 2 oz de filetes de pez espada

1 cucharada de hojas de cilantro picadas

Método

- Coco tostado seco, semillas de sésamo y maní juntos. Mezclar con pasta de tamarindo, cúrcuma, cilantro molido y sal. Moler con suficiente agua hasta obtener una pasta suave.

- Hervir esta mezcla con el agua restante en una cacerola a fuego medio durante 10 minutos, revolviendo con frecuencia. Añade los filetes de pescado y cocina a fuego lento durante 10-12 minutos. Decorar con hojas de cilantro y servir caliente.

Rosachi con camarones al curry

(Camarones cocidos con coco)

Para 4 personas

Ingredientes

200 g/7 oz de coco fresco rallado

5 pimientos rojos

1½ cucharadita de semillas de cilantro

1½ cucharadita de semillas de amapola

1 cucharadita de comino

½ cucharadita de cúrcuma

6 dientes de ajo

120 ml de aceite vegetal refinado

2 cebollas grandes, finamente picadas

2 tomates, finamente picados

250 g de gambas peladas y escurridas

Sal al gusto

Método
- Muele el coco, el ají, el cilantro, las semillas de amapola, el comino, la cúrcuma y el ajo con suficiente agua para hacer una pasta suave. Dejar de lado.

- Calienta el aceite en el sarten. Saltear la cebolla a fuego lento hasta que se dore.

- Agrega la pasta de pimiento rojo al coco molido, los tomates, los camarones y la sal. Mezclar bien. Cocine por 15 minutos, revolviendo ocasionalmente. Servir caliente.

Pescado Relleno De Dátiles Y Almendras

Para 4 personas

Ingredientes

4 truchas de 250 g cada una, cortadas verticalmente

½ cucharadita de chile en polvo

1 cucharadita de pasta de jengibre

250 g de dátiles frescos sin semillas, escaldados y finamente picados

75 g de almendras, blanqueadas y finamente picadas

2-3 cucharadas de arroz al vapor (ver aquí)

1 cucharadita de azúcar

¼ cucharadita de canela molida

½ cucharadita de pimienta negra molida

Sal al gusto

1 cebolla grande, en rodajas finas

Método

- Marina el pescado con el chile en polvo y la pasta de jengibre durante 1 hora.

- Mezclar dátiles, almendras, arroz, azúcar, canela, pimienta y sal. Amasar hasta obtener una masa suave. Dejar de lado.

- Rellenar las hendiduras del pescado marinado con la masa de dátiles y almendras. Coloca el pescado relleno sobre una hoja de papel de aluminio y espolvorea la cebolla por encima.

- Envolver el pescado y la cebolla en papel de aluminio y sellar bien los bordes.

- Hornee a 200°C (400°F, gas 6) durante 15-20 minutos. Retire el papel de aluminio del envoltorio y hornee el pescado durante otros 5 minutos. Servir caliente.

pescado tandoori

Para 4 personas

Ingredientes

1 cucharadita de pasta de jengibre

1 cucharadita de pasta de ajo

½ cucharadita de garam masala

1 cucharadita de chile en polvo

1 cucharada de jugo de limón

Sal al gusto

500 g de filetes de cola de rape

1 cucharada de chaat masala*

Método

- Mezcle la pasta de jengibre, la pasta de ajo, el garam masala, el chile en polvo, el jugo de limón y la sal.

- Haz cortes en el pescado. Marinar con la mezcla de jengibre y ajo durante 2 horas.

- Asa el pescado durante 15 minutos. Espolvorea sobre el chaat masala. Servir caliente.

Pescado con verduras

Para 4 personas

Ingredientes

750 g/1 lb 10 oz de filetes de salmón, sin piel

½ cucharadita de cúrcuma

Sal al gusto

2 cucharadas de aceite de mostaza

cucharadita de semillas de mostaza

cucharadita de semillas de hinojo

cucharadita de semillas de cebolla

cucharadita de semillas de fenogreco

cucharadita de comino

2 hojas de laurel

2 pimientos rojos secos, cortados por la mitad

1 cebolla grande, en rodajas finas

2 chiles verdes grandes, cortados a lo largo

½ cucharadita de azúcar

125 g/4½ oz de guisantes enlatados

1 papa grande, cortada en tiras

2-3 berenjenas pequeñas, finamente picadas

250 ml/8 onzas líquidas de agua

Método
- Marina el pescado con cúrcuma y sal durante 30 minutos.

- Calentar el aceite en una cacerola. Agrega el pescado marinado y cocina a fuego medio durante 4 a 5 minutos, volteándolo ocasionalmente. Escurrir y reservar.

- Al mismo aceite añade la mostaza, el hinojo, la cebolla, el fenogreco y el comino. Hazlos escupir durante 15 segundos.

- Agrega la hoja de laurel y el pimiento rojo. Hornee por 30 segundos.

- Agrega la cebolla y el pimiento verde. Saltee a fuego medio hasta que la cebolla se dore.

- Añade el azúcar, los guisantes, las patatas y las berenjenas. Mezclar bien. Hornea la mezcla durante 7-8 minutos.

- Agrega el pescado frito y el agua. Mezclar bien. Tape y cocine a fuego lento durante 12-15 minutos, revolviendo ocasionalmente.

- Servir caliente.

Tandoor Gülnar

(trucha cocinada en Tandoor)

Para 4 personas

Ingredientes

4 truchas de 250g/9oz cada una

Mantequilla para pincelar

Para la primera marinada:

120 ml de vinagre de malta

2 cucharadas de jugo de limón

2 cucharaditas de pasta de ajo

½ cucharadita de chile en polvo

Sal al gusto

Para la segunda marinada:

Yogur 400g/14oz

1 huevo

1 cucharadita de pasta de ajo

2 cucharaditas de pasta de jengibre

120 ml de nata líquida fresca

180 g/6½ oz de besan*

Gambas con masala verde

Para 4 personas

Ingredientes

1 cm de raíz de jengibre

8 dientes de ajo

3 chiles verdes, cortados a lo largo

50 g de hojas de cilantro picadas

1½ cucharadas de aceite vegetal refinado

2 cebollas grandes, finamente picadas

2 tomates, finamente picados

500 g de gambas grandes, peladas y limpias

1 cucharadita de pasta de tamarindo

Sal al gusto

½ cucharadita de cúrcuma

Método

- Muele juntos el jengibre, el ajo, la guindilla y las hojas de cilantro. Dejar de lado.
- Calienta el aceite en el sarten. Saltear la cebolla a fuego lento hasta que se dore.
- Agregue la pasta de jengibre y ajo y los tomates. Hornee durante 4-5 minutos.
- Agrega las gambas, la pasta de tamarindo, la sal y la cúrcuma. Mezclar bien. Cocine por 15 minutos, revolviendo ocasionalmente. Servir caliente.

chuleta de pescado

Para 4 personas

Ingredientes

2 huevos

1 cucharada de harina blanca normal

Sal al gusto

400 g de gallo, sin piel y fileteado

500ml/16 onzas líquidas de agua

2 patatas grandes, hervidas y trituradas

1½ cucharadita de garam masala

1 cebolla grande, rallada

1 cucharadita de pasta de jengibre

Aceite vegetal refinado para freír.

200 g/7 oz de pan rallado

Método

- Batir los huevos con la harina y la sal. Dejar de lado.
- Cuece el pescado en agua con sal en una cacerola a fuego medio durante 15-20 minutos. Escurrir y amasar con patatas, garam masala, cebolla, pasta de jengibre y sal hasta obtener una masa suave.
- Dividir en 16 partes, formar bolitas y aplanarlas ligeramente para formar escalopes.
- Calentar aceite en una sartén. Pasar los escalopes por huevo batido, pasarlos por pan rallado y freírlos a fuego lento hasta que estén dorados. Servir caliente.

Pescado Parsi Sas

(Pescado cocido en salsa blanca)

Para 4 personas

Ingredientes

1 cucharada de harina de arroz

1 cucharada de azúcar

60 ml de vinagre de malta

2 cucharadas de aceite vegetal refinado

2 cebollas grandes, en rodajas finas

½ cucharadita de pasta de jengibre

½ cucharadita de pasta de ajo

1 cucharadita de comino molido

Sal al gusto

250 ml/8 onzas líquidas de agua

8 filetes pesados con limón

2 huevos batidos

Método

- Muele la harina de arroz con azúcar y vinagre hasta formar una pasta. Dejar de lado.
- Calienta el aceite en el sarten. Saltear la cebolla a fuego lento hasta que se dore.
- Agrega la pasta de jengibre, la pasta de ajo, el comino molido, la sal, el agua y el pescado. Cocine a fuego lento durante 25 minutos, revolviendo ocasionalmente.
- Agrega la mezcla de harina y cocina por un minuto.
- Agrega con cuidado los huevos. Revuelva por un minuto. Adorne y sirva caliente.

Peshawar Machhi

Para 4 personas

Ingredientes

3 cucharadas de aceite vegetal refinado

1 kg/2¼ lb de salmón, cortado en filetes

2,5 cm de raíz de jengibre rallada

8 dientes de ajo prensados

2 cebollas grandes, picadas

3 tomates, blanqueados y cortados en cubitos

1 cucharadita de garam masala

Yogur 400g/14oz

cucharadita: Cúrcuma

1 cucharadita de amchoor*

Sal al gusto

Método

- Calienta el aceite. Freír el pescado a fuego lento hasta que esté dorado. Escurrir y reservar.

- Agrega el jengibre, el ajo y la cebolla al mismo aceite. Freír a fuego lento durante 6 minutos. Agrega el pescado frito y todos los demás ingredientes. Mezclar bien.
- Cocine a fuego lento durante 20 minutos y sirva caliente.

curry de cangrejo

Para 4 personas

Ingredientes

4 cangrejos medianos, limpios (ver técnicas de cocina)

Sal al gusto

1 cucharadita de cúrcuma

½ coco rallado

6 dientes de ajo

4-5 pimientos rojos

1 cucharada de semillas de cilantro

1 cucharada de comino

1 cucharadita de pasta de tamarindo

3-4 chiles verdes, cortados a lo largo

1 cucharada de aceite vegetal refinado

1 cebolla grande, finamente picada

Método

- Marina el cangrejo con sal y cúrcuma durante 30 minutos.
- Muele todos los demás ingredientes, excepto el aceite y la cebolla, con suficiente agua para hacer una pasta suave.
- Calentar el aceite en una cacerola. Freír la pasta molida y la cebolla a fuego lento hasta que la cebolla esté dorada. Agrega un poco de agua. Cocine a fuego lento durante 7 a 8 minutos, revolviendo ocasionalmente. Agrega los cangrejos marinados. Mezclar bien y cocinar a fuego lento durante 5 minutos. Servir caliente.

pescado mostaza

Para 4 personas

Ingredientes

8 cucharadas de aceite de mostaza

4 truchas de 250g/9oz cada una

2 cucharaditas de comino molido

2 cucharaditas de mostaza molida

1 cucharadita de cilantro molido

½ cucharadita de cúrcuma

120ml de agua

Sal al gusto

Método

- Calentar el aceite en una cacerola. Agrega el pescado y cocina durante 1-2 minutos a fuego medio. Dale la vuelta al pescado y repite. Escurrir y reservar.
- Al mismo aceite, agrega el comino molido, la mostaza y el cilantro. Hazlos escupir durante 15 segundos.
- Agrega la cúrcuma, el agua, la sal y el pescado frito. Mezclar bien y cocinar a fuego lento durante 10-12 minutos. Servir caliente.

Meen Vattichathu

(Kuls cocinados con hierbas)

Para 4 personas

Ingredientes

600 g de pez espada, sin piel y fileteado

½ cucharadita de cúrcuma

Sal al gusto

3 cucharadas de aceite vegetal refinado

½ cucharadita de semillas de mostaza

½ cucharadita de semillas de fenogreco

8 hojas de curry

2 cebollas grandes, en rodajas finas

8 dientes de ajo, finamente picados

5 cm de jengibre, en rodajas finas

6 kokum*

Método
- Marina el pescado con cúrcuma y sal durante 2 horas.
- Calienta el aceite en el sarten. Agrega las semillas de mostaza y fenogreco. Hazlos escupir durante 15 segundos. Agrega todos los demás ingredientes y el pescado marinado. Freír a fuego lento durante 15 minutos. Servir caliente.

Doi Maach

(Pescado cocido en yogur)

Para 4 personas

Ingredientes

4 truchas, peladas y fileteadas

2 cucharadas de aceite vegetal refinado

2 hojas de laurel

1 cebolla grande, finamente picada

2 cucharaditas de azúcar

Sal al gusto

200 g/7 oz de yogur

Para el inserto:

3 dientes

Un trozo de canela de 5 cm.

3 cápsulas de cardamomo verde

5 cm/2 pulgadas de raíz de jengibre

1 cebolla grande, en rodajas finas

1 cucharadita de cúrcuma

Sal al gusto

Método

- Muele todos los ingredientes para la marinada juntos. Marina el pescado con esta mezcla durante 30 minutos.
- Calentar el aceite en una cacerola. Agrega la hoja de laurel y la cebolla. Freír a fuego lento durante 3 minutos. Agrega el azúcar, la sal y el pescado marinado. Mezclar bien.
- Ase durante 10 minutos. Agrega el yogur y cocina por 8 minutos. Servir caliente.

pescado frito

Para 4 personas

Ingredientes

6 cucharadas de besan*

2 cucharaditas de garam masala

1 cucharadita de amchoor*

1 cucharadita de semillas de ajwain

1 cucharadita de pasta de jengibre

1 cucharadita de pasta de ajo

Sal al gusto

675 g de cola de rape, pelada y fileteada

Aceite vegetal refinado para freír.

Método

- Mezclar todos los ingredientes, excepto el pescado y el aceite, con suficiente agua para formar una pasta espesa. Marinar el pescado con esta pasta durante 4 horas.
- Calentar el aceite en una sartén. Agrega el pescado y cocina a fuego medio durante 4-5 minutos. Voltee y cocine por otros 2-3 minutos. Servir caliente.

chuleta machher

Para 4 personas

Ingredientes

500 g/1 lb 2 oz de salmón, sin piel y fileteado

Sal al gusto

500ml/16 onzas líquidas de agua

250 g/9 oz de patatas, hervidas y trituradas

200 ml de aceite de mostaza

2 cebollas grandes, finamente picadas

½ cucharadita de pasta de jengibre

½ cucharadita de pasta de ajo

1½ cucharadita de garam masala

1 huevo batido

200 g/7 oz de pan rallado

Aceite vegetal refinado para freír.

Método

- Coloca el pescado en una cacerola con sal y agua. Cocine a fuego medio durante 15 minutos. Escurrir y triturar con las patatas. Dejar de lado.
- Calentar el aceite en una sartén. Agrega la cebolla y sofríe a fuego medio hasta que se dore. Agrega la

mezcla de pescado y todos los demás ingredientes excepto el huevo y el pan rallado. Mezclar bien y cocinar a fuego lento durante 10 minutos.

- Dejar enfriar y dividir en bolitas del tamaño de un limón. Aplana y forma hamburguesas.
- Calentar el aceite para freír en una sartén. Pasar las chuletas por huevo, pasarlas por pan rallado y freírlas a fuego medio hasta que estén doradas. Servir caliente.

Pez espada de Goa

(Pez espada cocinado al estilo de Goa)

Para 4 personas

Ingredientes

50 g de coco fresco rallado

1 cucharadita de semillas de cilantro

1 cucharadita de comino

1 cucharadita de semillas de amapola

4 dientes de ajo

1 cucharada de pasta de tamarindo

250 ml/8 onzas líquidas de agua

Aceite vegetal refinado para freír.

1 cebolla grande, finamente picada

1 cucharada de kokum*

Sal al gusto

½ cucharadita de cúrcuma

4 hamburguesas de pez espada

Método
- Muele coco, semillas de cilantro, semillas de comino, semillas de amapola, ajo y pasta de tamarindo junto con suficiente agua para hacer una pasta suave. Dejar de lado.
- Calentar el aceite en una cacerola. Agrega la cebolla y sofríe a fuego medio hasta que se dore.
- Agrega la masa molida y sofríe por 2 minutos. Agrega los ingredientes restantes. Mezclar bien y cocinar a fuego lento durante 15 minutos. Servir caliente.

masala de pescado seco

Para 4 personas

Ingredientes

6 filetes de salmón

¼ de coco fresco rallado

7 pimientos rojos

1 cucharada de cúrcuma

Sal al gusto

Método

- Asa los filetes de pescado durante 20 minutos. Dejar de lado.
- Muele el resto de los ingredientes hasta obtener una masa suave.
- Mezclar con el pescado. Cuece la mezcla en una cacerola a fuego lento durante 15 minutos. Servir caliente.

Curry de gambas de Madrás

Para 4 personas

Ingredientes

3 cucharadas de aceite vegetal refinado

3 cebollas grandes, finamente picadas

12 dientes de ajo, finamente picados

3 tomates, blanqueados y cortados en cubitos

½ cucharadita de cúrcuma

Sal al gusto

1 cucharadita de chile en polvo

2 cucharadas de pasta de tamarindo

750 g de gambas medianas, peladas y limpias

4 cucharadas de leche de coco

Método

- Calentar el aceite en una cacerola. Agrega la cebolla y el ajo y sofríe durante un minuto a fuego medio. Agrega los tomates, la cúrcuma, la sal, el chile en polvo, la pasta de tamarindo y los langostinos. Mezclar bien y hornear durante 7-8 minutos.
- Agrega la leche de coco. Cocine a fuego lento durante 10 minutos y sirva caliente.

Pescado con fenogreco

Para 4 personas

Ingredientes

8 cucharadas de aceite vegetal refinado

500 g/1 libra 2 oz de salmón, fileteado

1 cucharada de pasta de ajo

75 g/2½ oz de hojas frescas de fenogreco, finamente picadas

4 tomates, finamente picados

2 cucharaditas de cilantro molido

1 cucharadita de comino molido

1 cucharadita de jugo de limón

Sal al gusto

1 cucharadita de cúrcuma

75 g/2½ oz de agua tibia

Método

- Calienta 4 cucharadas de aceite en una sartén. Agrega el pescado y dora a fuego medio por ambos lados. Escurrir y reservar.
- Calienta 4 cucharadas de aceite en una sartén. Agrega la pasta de ajo. Freír a fuego lento durante un minuto. Agrega el resto de los ingredientes excepto el agua. Freír durante 4-5 minutos.
- Agrega el agua y el pescado frito. Mezclar bien. Tape y cocine a fuego lento durante 10 a 15 minutos, revolviendo ocasionalmente. Servir caliente.

Karimeen Porichathun

(Filete de pescado en Masala)

Para 4 personas

Ingredientes

1 cucharadita de chile en polvo

1 cucharada de cilantro molido

1 cucharadita de cúrcuma

1 cucharadita de pasta de jengibre

2 chiles verdes, finamente picados

jugo de 1 limón

8 hojas de curry

Sal al gusto

8 filetes de salmón

Aceite vegetal refinado para freír.

Método
- Mezclar todos los ingredientes excepto el pescado y el aceite.
- Marina el pescado con esta mezcla y refrigera por 2 horas.
- Calentar el aceite en una sartén. Agrega los trozos de pescado y sofríe a fuego medio hasta que estén dorados.
- Servir caliente.

langostinos

Para 4 personas

Ingredientes

500 g de gambas grandes, peladas y limpias

1 cucharadita de cúrcuma

½ cucharadita de chile en polvo

Sal al gusto

3 cucharadas de aceite vegetal refinado

1 cebolla grande, finamente picada

½ pulgada/1 cm de raíz de jengibre, finamente picada

10 dientes de ajo, finamente picados

2-3 chiles verdes, cortados a lo largo

½ cucharadita de azúcar

250 ml/8 fl oz de leche de coco

1 cucharada de hojas de cilantro, finamente picadas

Método

- Marinar las gambas con cúrcuma, guindilla en polvo y sal durante 1 hora.
- Calentar el aceite en una cacerola. Agrega la cebolla, el jengibre, el ajo y el chile verde y cocina a fuego medio durante 2-3 minutos.
- Agrega el azúcar, la sal y los camarones marinados. Mezclar bien y hornear por 10 minutos. Agrega la leche de coco. Cocine a fuego lento durante 15 minutos.
- Decorar con hojas de cilantro y servir caliente.

Pescado marinado

Para 4 personas

Ingredientes

Aceite vegetal refinado para freír.

1 kg de pez espada, pelado y fileteado

1 cucharadita de cúrcuma

12 pimientos rojos secos

1 cucharada de comino

5 cm/2 pulgadas de raíz de jengibre

15 dientes de ajo

250 ml/8 fl oz de vinagre de malta

Sal al gusto

Método

- Calentar el aceite en una sartén. Agrega el pescado y cocina a fuego medio durante 2-3 minutos. Voltee y cocine por 1-2 minutos. Dejar de lado.
- Muele el resto de los ingredientes hasta obtener una masa suave.
- Cuece la masa en un cazo a fuego lento durante 10 minutos. Agregue el pescado, cocine durante 3-4

minutos, enfríe y guárdelo en un frasco en el refrigerador hasta por 1 semana.

Curry de bolas de pescado

Para 4 personas

Ingredientes

500 g/1 lb 2 oz de salmón, sin piel y fileteado

Sal al gusto

750ml/1¼ litro de agua

1 cebolla grande

3 cucharaditas de garam masala

½ cucharadita de cúrcuma

3 cucharadas de aceite vegetal refinado y un poco más para freír

5 cm de raíz de jengibre rallada

5 dientes de ajo machacados

250 g/9 oz de tomates, blanqueados y cortados en cubitos

2 cucharadas de yogur, batido

Método

- Hervir el pescado con un poco de sal y 500 ml de agua durante 20 minutos a fuego medio. Escurrir y sofreír junto con la cebolla, la sal, 1 cucharadita de garam masala y la cúrcuma hasta que quede suave. Dividir en 12 bolas.
- Calentar el aceite para freír. Añade las bolitas y fríelas a fuego medio hasta que estén doradas. Escurrir y reservar.
- Calienta 3 cucharadas de aceite en una sartén. Agrega todos los ingredientes restantes, el agua restante y las bolas de pescado. Cocine a fuego lento durante 10 minutos y sirva caliente.

pez amritsari

(Pescado picante)

Para 4 personas

Ingredientes

200 g/7 oz de yogur

½ cucharadita de pasta de jengibre

½ cucharadita de pasta de ajo

jugo de 1 limón

½ cucharadita de garam masala

Sal al gusto

675 g de cola de rape, pelada y fileteada

Método

- Mezclar todos los ingredientes excepto el pescado. Marina el pescado con esta mezcla durante 1 hora.
- Asa el pescado marinado durante 7-8 minutos. Servir caliente.

gambas fritas masala

Para 4 personas

Ingredientes

4 dientes de ajo

5 cm/2 pulgadas de jengibre

2 cucharadas de coco fresco, rallado

2 pimientos rojos secos

1 cucharada de semillas de cilantro

1 cucharadita de cúrcuma

Sal al gusto

120ml de agua

750 g de langostinos pelados y desvenados

3 cucharadas de aceite vegetal refinado

3 cebollas grandes, finamente picadas

2 tomates, finamente picados

2 cucharadas de hojas de cilantro picadas

1 cucharadita de garam masala

Método
- Muele el ajo, el jengibre, el coco, el ají, las semillas de cilantro, la cúrcuma y la sal junto con suficiente agua para hacer una pasta suave.
- Marinar las gambas durante una hora con esta pasta.
- Calentar el aceite en una cacerola. Agrega la cebolla y cocina a fuego medio hasta que esté transparente.
- Agrega los tomates y los camarones marinados. Mezclar bien. Agrega el agua, tapa con una tapa y cocina a fuego lento durante 20 minutos.
- Adorne con hojas de cilantro y garam masala. Servir caliente.

Pescado cubierto con salado

Para 4 personas

Ingredientes

2 cucharadas de jugo de limón

Sal al gusto

Pimienta negra molida al gusto

4 hamburguesas de pez espada

2 cucharadas de mantequilla

1 cebolla grande, finamente picada

1 pimiento verde, sin corazón y cortado en cubitos

3 tomates pelados y cortados en cubitos

50 g de pan rallado

85 g/3 oz de queso cheddar rallado

Método
- Espolvorea jugo de limón, sal y pimienta sobre el pescado. Dejar de lado.
- Calentar la mantequilla en una cacerola. Agrega la cebolla y el pimiento verde. Freír durante 2-3 minutos a fuego medio. Agrega los tomates, el pan rallado y el queso. Hornee durante 4-5 minutos.
- Distribuya esta mezcla uniformemente sobre el pescado. Envuélvalo en papel de aluminio y hornee a 200°C (400°F, marca de gas 6) durante 30 minutos. Servir caliente.

camarones pasanda

(Camarones cocidos con yogurt y vinagre)

Para 4 personas

Ingredientes

250 g de gambas peladas y escurridas

Sal al gusto

1 cucharadita de pimienta negra molida

2 cucharaditas de vinagre de malta

2 cucharaditas de aceite vegetal refinado

1 cucharada de pasta de ajo

2 cebollas grandes, finamente picadas

2 tomates, finamente picados

2 cebolletas, finamente picadas

1 cucharadita de garam masala

250 ml/8 onzas líquidas de agua

4 cucharadas de yogur griego

Método
- Marinar las gambas con sal, pimienta y vinagre durante 30 minutos.
- Asa las gambas durante 5 minutos. Dejar de lado.
- Calentar el aceite en una cacerola. Agrega la pasta de ajo y la cebolla. Freír a fuego medio durante un minuto. Agregue los tomates, las cebolletas y el garam masala. Hornee por 4 minutos hasta que se dore. Agrega los camarones asados y el agua. Cocine a fuego lento durante 15 minutos. Agrega el yogur. Revuelva durante 5 minutos. Servir caliente.

pez espada rechaido

(Pez espada cocinado en salsa goana)

Para 4 personas

Ingredientes

4 pimientos rojos

6 dientes de ajo

2,5 cm/1 pulgada de raíz de jengibre

½ cucharadita de cúrcuma

1 cebolla grande

1 cucharadita de pasta de tamarindo

1 cucharadita de comino

1 cucharada de azúcar

Sal al gusto

120 ml de vinagre de malta

1 kg de pez espada, limpio

Aceite vegetal refinado para freír.

Método

- Triturar todos los ingredientes menos el pescado y el aceite.
- Haga cortes en el pez espada y déjelo marinar con la mezcla molida, rellenando los cortes con cantidades generosas de la mezcla. Reservar durante 1 hora.
- Calentar el aceite en una sartén. Agrega el pescado marinado y sofríe a fuego lento durante 2-3 minutos. Vuelve y repite. Servir caliente.

Teekha Jhinga

(camarones picantes)

Para 4 personas

Ingredientes

4 cucharadas de aceite vegetal refinado

1 cucharadita de semilla de hinojo

2 cebollas grandes, finamente picadas

2 cucharaditas de pasta de jengibre

2 cucharaditas de pasta de ajo

Sal al gusto

½ cucharadita de cúrcuma

3 cucharadas de garam masala

25 g/1 oz de coco desecado

60 ml de agua

1 cucharada de jugo de limón

500 g de gambas peladas y limpias

Método
- Calentar el aceite en una cacerola. Agrega las semillas de hinojo. Hazlos escupir durante 15 segundos. Agrega la cebolla, la pasta de jengibre y la pasta de ajo. Freír durante un minuto a fuego medio.
- Agrega el resto de los ingredientes excepto los camarones. Dorar durante 7 minutos.
- Agregue los camarones y cocine por 15 minutos, revolviendo con frecuencia. Servir caliente.

Balchow De Camarones

(Langostinos hervidos al estilo de Goa)

Para 4 personas

Ingredientes

750 g de langostinos pelados y desvenados

250 ml/8 fl oz de vinagre de malta

8 dientes de ajo

2 cebollas grandes, finamente picadas

1 cucharada de comino molido

cucharadita: Cúrcuma

Sal al gusto

120 ml de aceite vegetal refinado

50 g de hojas de cilantro picadas

Método

- Marina los camarones con 4 cucharadas de vinagre durante 2 horas.
- Muele el resto del vinagre con el ajo, la cebolla, el comino molido, la cúrcuma y la sal hasta obtener una pasta suave. Dejar de lado.
- Calentar el aceite en una cacerola. Dorar las gambas a fuego lento durante 12 minutos.
- Agrega la pasta. Mezclar bien y cocinar a fuego lento durante 15 minutos.
- Decora con hojas de cilantro. Servir caliente.

Gambas Bhujna

(gambas secas con coco y cebolla)

Para 4 personas

Ingredientes

50 g de coco fresco rallado

2 cebollas grandes

6 pimientos rojos

5 cm de raíz de jengibre rallada

1 cucharadita de pasta de ajo

4 cucharadas de aceite vegetal refinado

5 kokum secos*

cucharadita: Cúrcuma

750 g de langostinos pelados y desvenados

250 ml/8 onzas líquidas de agua

Sal al gusto

Método

- Muele juntos el coco, la cebolla, el pimiento rojo, el jengibre y la pasta de ajo.
- Calentar el aceite en una cacerola. Agrega la pasta con kokum y cúrcuma. Freír durante 5 minutos a fuego lento.
- Agrega los camarones, el agua y la sal. Cocine a fuego lento durante 20 minutos, revolviendo con frecuencia. Servir caliente.

Chingdi Macher Malai

(Gambas al coco)

Para 4 personas

Ingredientes

2 cebollas grandes, ralladas

2 cucharadas de pasta de jengibre

100 g/3½ oz de coco fresco rallado

4 cucharadas de aceite vegetal refinado

500 g de gambas peladas y limpias

1 cucharadita de cúrcuma

1 cucharadita de comino molido

4 tomates, finamente picados

1 cucharadita de azúcar

1 cucharadita de ghee

2 dientes

1 pulgada/2,5 cm de canela

2 cápsulas de cardamomo verde

3 hojas de laurel

Sal al gusto

4 patatas grandes, cortadas en cubitos y horneadas

250 ml/8 onzas líquidas de agua

Método

- Muele la cebolla, la pasta de jengibre y el coco hasta obtener una pasta suave. Dejar de lado.
- Calentar el aceite en una sartén. Agrega las gambas y cocina durante 5 minutos a fuego medio. Escurrir y reservar.
- Agrega la pasta molida y todos los demás ingredientes excepto el agua al mismo aceite. Freír durante 6-7 minutos. Agrega los camarones fritos y el agua. Mezclar bien y cocinar a fuego lento durante 10 minutos. Servir caliente.

Sorse Bata-Vis

(Pescado en pasta de mostaza)

Para 4 personas

Ingredientes

4 cucharadas de semillas de mostaza

7 pimientos verdes

2 cucharadas de agua

½ cucharadita de cúrcuma

5 cucharadas de aceite de mostaza

Sal al gusto

1 kg/2¼ lb de lengua de limón, pelada y fileteada

Método

- Muele todos los ingredientes, excepto el pescado, con suficiente agua para hacer una masa suave. Marina el pescado con esta mezcla durante 1 hora.
- Cocer al vapor durante 25 minutos. Servir caliente.

estofado de pescado

Para 4 personas

Ingredientes

1 cucharada de aceite vegetal refinado

2 dientes

1 pulgada/2,5 cm de canela

3 hojas de laurel

5 granos de pimienta negra

1 cucharadita de pasta de ajo

1 cucharadita de pasta de jengibre

2 cebollas grandes, finamente picadas

400 g/14 oz de vegetales mixtos congelados

Sal al gusto

250 ml/8 fl oz de agua tibia

500 g de filetes de rape

1 cucharada de harina blanca, disuelta en 60 ml de leche

Método

- Calienta el aceite en el sarten. Agrega los clavos, la canela, las hojas de laurel y los granos de pimienta. Hazlos escupir durante 15 segundos. Agrega la pasta de ajo, la pasta de jengibre y la cebolla. Freír durante 2-3 minutos a fuego medio.
- Agrega las verduras, la sal y el agua. Mezclar bien y cocinar a fuego lento durante 10 minutos.
- Agrega con cuidado la mezcla de pescado y harina. Mezclar bien. Cocine a fuego medio durante 10 minutos. Servir caliente.

Jhinga Nissa

(barritas de yogur)

Para 4 personas

Ingredientes

1 cucharada de jugo de limón

1 cucharadita de pasta de jengibre

1 cucharadita de pasta de ajo

1 cucharadita de semillas de sésamo

200 g/7 oz de yogur

2 chiles verdes, finamente picados

½ cucharadita de hojas secas de fenogreco

½ cucharadita de clavo molido

½ cucharadita de canela molida

½ cucharadita de pimienta negra molida

Sal al gusto

12 langostinos grandes, pelados y desvenados

Método
- Mezclar todos los ingredientes excepto los camarones. Marinar las gambas con esta mezcla durante una hora.
- Coloque los camarones marinados en brochetas y cocine a la parrilla durante 15 minutos. Servir caliente.

Calamar Vindaloo

(Calamares cocidos en salsa picante de Goa)

Para 4 personas

Ingredientes

8 cucharadas de vinagre de malta

8 pimientos rojos

3,5 cm/1½ de raíz de jengibre

20 dientes de ajo

1 cucharadita de semilla de mostaza

1 cucharadita de comino

1 cucharadita de cúrcuma

Sal al gusto

6 cucharadas de aceite vegetal refinado

3 cebollas grandes, finamente picadas

500 g de calamar 2 oz, en rodajas

Método
- Muele la mitad del vinagre con pimiento rojo, jengibre, ajo, semillas de mostaza, comino, cúrcuma y sal hasta obtener una pasta suave. Dejar de lado.
- Calienta el aceite en el sarten. Saltear la cebolla a fuego lento hasta que se dore.
- Agrega la masa molida. Mezclar bien y cocinar durante 5-6 minutos.
- Añade los calamares y el resto del vinagre. Cocine a fuego lento durante 15-20 minutos, revolviendo ocasionalmente. Servir caliente.

Balchow de langosta

(langosta picante cocinada en curry de Goa)

Para 4 personas

Ingredientes

400 g de carne de langosta, picada

Sal al gusto

½ cucharadita de cúrcuma

60 ml de vinagre de malta

1 cucharadita de azúcar

120 ml de aceite vegetal refinado

2 cebollas grandes, finamente picadas

12 dientes de ajo, finamente picados

1 cucharadita de garam masala

1 cucharada de hojas de cilantro picadas

Método
- Marinar el bogavante durante 1 hora con sal, cúrcuma, vinagre y azúcar.
- Calentar el aceite en una cacerola. Agrega la cebolla y el ajo. Freír a fuego lento durante 2-3 minutos. Agrega la langosta marinada y el garam masala. Cocine a fuego lento durante 15 minutos, revolviendo ocasionalmente.
- Decora con hojas de cilantro. Servir caliente.

camarones berenjena

Para 4 personas

Ingredientes

4 cucharadas de aceite vegetal refinado

6 granos de pimienta negra

3 pimientos verdes

4 dientes

6 dientes de ajo

1 cm de raíz de jengibre

2 cucharadas de hojas de cilantro picadas

1½ cucharada de coco rallado

2 cebollas grandes, finamente picadas

500 g/1 libra 2 oz de berenjena, picada

250 g de gambas peladas y escurridas

½ cucharadita de cúrcuma

1 cucharadita de pasta de tamarindo

Sal al gusto

10 anacardos

120ml de agua

Método

- Calienta 1 cucharada de aceite en una sartén. Agrega los granos de pimienta, los chiles verdes, los clavos, el ajo, el jengibre, las hojas de cilantro y el coco a fuego medio durante 2-3 minutos. Muele la mezcla hasta obtener una pasta suave. Dejar de lado.
- Calienta el aceite restante en una sartén. Agrega la cebolla y sofríe un minuto a fuego medio. Agrega la berenjena, los camarones y la cúrcuma. Freír durante 5 minutos.
- Agrega la masa molida y todos los demás ingredientes. Mezclar bien y cocinar a fuego lento durante 10-15 minutos. Servir caliente.

camarones verdes

Para 4 personas

Ingredientes

jugo de 1 limón

50 gramos de hojas de menta

50 g de hojas de cilantro

4 pimientos verdes

2,5 cm/1 pulgada de raíz de jengibre

8 dientes de ajo

Una pizca de garam masala

Sal al gusto

20 langostinos medianos, pelados y desvenados

Método

- Muele todos los ingredientes juntos, excepto los camarones, hasta obtener una pasta suave. Marina los camarones con esta mezcla durante 1 hora.
- Enhebre los camarones. Ase durante 10 minutos, volteando ocasionalmente. Servir caliente.

Pescado con cilantro

Para 4 personas

Ingredientes

3 cucharadas de aceite vegetal refinado

1 cebolla grande, finamente picada

4 chiles verdes, finamente picados

1 cucharada de pasta de jengibre

1 cucharada de pasta de ajo

1 cucharadita de cúrcuma

Sal al gusto

100 g de hojas de cilantro picadas

1 kg/2 lb de salmón, sin piel y fileteado

250 ml/8 onzas líquidas de agua

Método

- Calienta el aceite en el sarten. Saltear la cebolla a fuego lento hasta que se dore.
- Agregue todos los demás ingredientes excepto el pescado y el agua. Hornee durante 3-4 minutos. Agrega el pescado y cocina durante 3-4 minutos.
- Agrega agua. Mezclar bien y cocinar a fuego lento durante 10-12 minutos. Servir caliente.

malayo sabio

(Pescado cocido en salsa cremosa)

Para 4 personas

Ingredientes

8 fl oz/250 ml de aceite vegetal refinado

Filetes de lubina 1 kg/2¼ lb

1 cucharada de harina blanca normal

1 cebolla grande, rallada

½ cucharadita de cúrcuma

250 ml/8 fl oz de leche de coco

Sal al gusto

Para la mezcla de especias:

1 cucharadita de semillas de cilantro

1 cucharadita de comino

4 pimientos verdes

6 dientes de ajo

6 cucharadas de agua

Método

- Muele los ingredientes para la mezcla de especias. Exprime la mezcla para extraer el jugo en un tazón pequeño. Reserva el jugo. Deseche la cápsula.
- Calentar el aceite en una sartén. Rebozar el pescado en harina y freír a fuego medio hasta que esté dorado. Escurrir y reservar.
- En el mismo aceite agrega la cebolla y sofríe a fuego medio hasta que se dore.
- Agrega el jugo de la mezcla de especias y todos los demás ingredientes. Mezclar bien.
- Cocine a fuego lento durante 10 minutos. Agrega el pescado y cocina por 5 minutos. Servir caliente.

Curry de pescado konkani

Para 4 personas

Ingredientes

1 kg/2 lb de salmón, sin piel y fileteado

Sal al gusto

1 cucharadita de cúrcuma

1 cucharadita de chile en polvo

2 cucharadas de aceite vegetal refinado

1 cebolla grande, finamente picada

½ cucharadita de pasta de jengibre

750ml/1¼ litro de leche de coco

3 chiles verdes, cortados a lo largo

Método

- Marina el pescado con sal, cúrcuma y chile en polvo durante 30 minutos.
- Calentar el aceite en una cacerola. Agrega la cebolla y la pasta de jengibre. Freír a fuego medio hasta que la cebolla se vuelva transparente.
- Agrega la leche de coco, el chile verde y el pescado marinado. Mezclar bien. Cocine a fuego lento durante 15 minutos. Servir caliente.

Camarones al ajillo picantes

Para 4 personas

Ingredientes

4 cucharadas de aceite vegetal refinado

2 cebollas grandes, finamente picadas

1 cucharada de pasta de ajo

12 dientes de ajo, finamente picados

1 cucharadita de chile en polvo

1 cucharadita de cilantro molido

½ cucharadita de comino molido

2 tomates, finamente picados

Sal al gusto

1 cucharadita de cúrcuma

750 g de langostinos pelados y desvenados

250 ml/8 onzas líquidas de agua

Método
- Calentar el aceite en una cacerola. Agrega la cebolla, la pasta de ajo y el ajo picado. Freír a fuego medio hasta que la cebolla se vuelva transparente.
- Agrega el resto de los ingredientes excepto los camarones y el agua. Hornee durante 3-4 minutos. Añade las gambas y sofríe durante 3-4 minutos.
- Agrega agua. Mezclar bien y cocinar a fuego lento durante 12-15 minutos. Servir caliente.

curry de pescado sencillo

Para 4 personas

Ingredientes

2 cebollas grandes, en cuartos

3 dientes

1 pulgada/2,5 cm de canela

4 granos de pimienta negra

2 cucharaditas de semillas de cilantro

1 cucharadita de comino

1 tomate, en cuartos

Sal al gusto

2 cucharadas de aceite vegetal refinado

750 g/1 lb 10 oz de salmón, sin piel y fileteado

250 ml/8 onzas líquidas de agua

Método

- Triturar todos los ingredientes excepto el aceite, el pescado y el agua. Calentar el aceite en una cacerola. Agrega la pasta y cocina a fuego lento durante 7 minutos.
- Agrega pescado y agua. Cocine durante 25 minutos, revolviendo con frecuencia. Servir caliente.

Curry de pescado de Goa

Para 4 personas

Ingredientes

100 g/3½ oz de coco fresco rallado

4 pimientos rojos secos

1 cucharadita de comino

1 cucharadita de semillas de cilantro

360 ml/12 onzas de agua

3 cucharadas de aceite vegetal refinado

1 cebolla grande, rallada

1 cucharadita de cúrcuma

8 hojas de curry

2 tomates, blanqueados y cortados en cubitos

2 chiles verdes, cortados a lo largo

1 cucharada de pasta de tamarindo

Sal al gusto

1 kg/2 lb de salmón, en rodajas

Método
- Muele las semillas de coco, ají, comino y cilantro con 4 cucharadas de agua hasta obtener una pasta espesa. Dejar de lado.
- Calentar el aceite en una cacerola. Saltee la cebolla a fuego lento hasta que esté transparente.
- Agrega la pasta de coco. Hornee durante 3-4 minutos.
- Agregue todos los demás ingredientes excepto el pescado y el agua restante. Dorar durante 6-7 minutos. Agrega pescado y agua. Mezcle bien y cocine a fuego lento durante 20 minutos, revolviendo ocasionalmente. Servir caliente.

Vindaloo De Camarones

(Camarones cocinados en curry picante de Goa)

Para 4 personas

Ingredientes

- 3 cucharadas de aceite vegetal refinado
- 1 cebolla grande, rallada
- 4 tomates, finamente picados
- 1½ cucharadita de chile en polvo
- ½ cucharadita de cúrcuma
- 2 cucharaditas de comino molido
- 750 g de langostinos pelados y desvenados
- 3 cucharadas de vinagre blanco
- 1 cucharadita de azúcar
- Sal al gusto

Método

- Calentar el aceite en una cacerola. Agrega la cebolla y sofríe durante 1-2 minutos a fuego medio. Agregue los tomates, el chile en polvo, la cúrcuma y el comino. Mezcle bien y cocine de 6 a 7 minutos, revolviendo ocasionalmente.
- Agrega las gambas y mezcla bien. Cocine a fuego lento durante 10 minutos.
- Agrega vinagre, azúcar y sal. Cocine a fuego lento durante 5-7 minutos. Servir caliente.

Pescado en masala verde

Para 4 personas

Ingredientes

750 g de pez espada 10 oz, sin piel y fileteado

Sal al gusto

1 cucharadita de cúrcuma

50 gramos de hojas de menta

100 g/3½ oz de hojas de cilantro

12 dientes de ajo

5 cm/2 pulgadas de raíz de jengibre

2 cebollas grandes, picadas

5 cm/2 pulgadas de canela

1 cucharada de semillas de amapola

3 dientes

500ml/16 onzas líquidas de agua

3 cucharadas de aceite vegetal refinado

Método
- Marina el pescado con sal y cúrcuma durante 30 minutos.
- Muele el resto de los ingredientes, excepto el aceite, junto con suficiente agua hasta formar una pasta espesa.
- Calentar el aceite en una cacerola. Agrega la masa y cocina a fuego medio durante 4-5 minutos. Agrega el pescado marinado y el resto del agua. Mezcle bien y cocine a fuego lento durante 20 minutos, revolviendo ocasionalmente. Servir caliente.

Almejas Masala

Para 4 personas

Ingredientes

500 g/1 libra 2 oz de mejillones, limpios (ver<u>técnicas de cocina</u>)

Sal al gusto

cucharadita: Cúrcuma

1 cucharada de semillas de cilantro

3 dientes

1 pulgada/2,5 cm de canela

4 granos de pimienta negra

2,5 cm/1 pulgada de raíz de jengibre

8 dientes de ajo

60 g/2 oz de coco fresco rallado

2 cucharadas de aceite vegetal refinado

1 cebolla grande, finamente picada

500ml/16 onzas líquidas de agua

Método

- Vapor (ver técnicas de cocina) los mejillones en una vaporera durante 20 minutos. Espolvorea con sal y cúrcuma. Dejar de lado.
- Muele el resto de los ingredientes excepto el aceite, la cebolla y el agua.

- Calienta el aceite en el sarten. Agrega la pasta molida y la cebolla. Freír a fuego medio durante 4 a 5 minutos. Agrega los mejillones al vapor y saltea durante 5 minutos. Agrega agua. Cocine por 10 minutos y sirva caliente.

Pescado Tikka

Para 4 personas

Ingredientes

2 cucharaditas de pasta de jengibre

2 cucharaditas de pasta de ajo

1 cucharadita de garam masala

1 cucharadita de chile en polvo

2 cucharaditas de comino molido

2 cucharadas de jugo de limón

Sal al gusto

1 kg/2¼ lb de rape, sin piel y fileteado

Aceite vegetal refinado para freír en superficie.

2 huevos batidos

3 cucharadas de sémola

Método

- Mezcle la pasta de jengibre, la pasta de ajo, el garam masala, el chile en polvo, el comino, el jugo de limón y la sal. Marina el pescado con esta mezcla durante 2 horas.
- Calentar el aceite en una sartén. Sumergir el pescado marinado en huevo, enrollarlo en sémola y freír a fuego medio durante 4-5 minutos.
- Voltee y cocine por 2-3 minutos. Escurrir sobre toallas de papel y servir tibio.

Berenjenas rellenas de gambas

Para 4 personas

Ingredientes

4 cucharadas de aceite vegetal refinado

1 cebolla grande, finamente rallada

2 cucharaditas de pasta de jengibre

2 cucharaditas de pasta de ajo

1 cucharadita de cúrcuma

½ cucharadita de garam masala

Sal al gusto

1 cucharadita de pasta de tamarindo

180 g de gambas peladas y escurridas

60 ml de agua

8 berenjenas pequeñas

¼oz/10g de hojas de cilantro, picadas, para decorar

Método

- Para el relleno, calentar la mitad del aceite en una sartén. Agrega la cebolla y sofríe a fuego lento hasta que se dore. Agrega la pasta de jengibre, la pasta de ajo, la cúrcuma y el garam masala. Dorar durante 2-3 minutos.
- Agrega sal, pasta de tamarindo, camarones y agua. Mezclar bien y cocinar a fuego lento durante 15 minutos. Reserva genial.
- Haz una cruz en un extremo de una berenjena con un cuchillo. Corta más profundamente a lo largo de la rama, dejando el otro extremo intacto. Rellena la mezcla de camarones en esta cavidad. Repita para todas las berenjenas.
- Calienta el aceite restante en una sartén. Añade las berenjenas rellenas. Cocine a fuego lento durante 12 a 15 minutos, volteando ocasionalmente. Adorne y sirva caliente.

Camarones Ajo Y Canela

Para 4 personas

Ingredientes

8 fl oz/250 ml de aceite vegetal refinado

1 cucharadita de cúrcuma

2 cucharaditas de pasta de ajo

Sal al gusto

500 g de gambas peladas y limpias

2 cucharaditas de canela molida

Método

- Calentar el aceite en una cacerola. Agrega la cúrcuma, la pasta de ajo y la sal. Freír durante 2 minutos a fuego medio. Agrega los langostinos y cocina por 15 minutos.
- Agrega canela. Cocine por 2 minutos y sirva caliente.

Lenguado al vapor con mostaza

Para 4 personas

Ingredientes

1 cucharadita de pasta de jengibre

1 cucharadita de pasta de ajo

¼ cucharadita de pasta de chile rojo

2 cucharaditas de mostaza inglesa

2 cucharaditas de jugo de limón

1 cucharadita de aceite de mostaza

Sal al gusto

1 kg/2¼ lb de lengua de limón, pelada y fileteada

25 g/hojas pequeñas de cilantro finamente picadas

Método

- Mezclar todos los ingredientes excepto el pescado y las hojas de cilantro. Marina el pescado con esta mezcla durante 30 minutos.
- Coloca el pescado en un plato hondo. Vapor (ver técnicas de cocina) en una vaporera durante 15 minutos. Decorar con hojas de cilantro y servir caliente.

www.ingramcontent.com/pod-product-compliance
Lightning Source LLC
Chambersburg PA
CBHW050159130526
44591CB00034B/1378